売上を10倍にする

CONSULTING BRAIN

「コンサル脳」のつくり方

菊岡 正芳

ぱる出版

はじめに

あなたは、自身の取り扱う商品・サービスは顧客が求めているものだと思っていませんか。また、顧客が満足する商品・サービスを作りさえすれば、あとは自然に売れていくと思っていませんか。

もしもそれが事実なら、なぜ思うように売上が上がらないのでしょうか。

○商品・サービスの改良を図る
○優秀な営業パーソンを育成する
○デジタルトランスフォーメーションを推進する

これらの対策は一見正しいようですが、肝心なことが抜け落ちています。

もしもあなたが、顧客が十分満足する商品・サービスを提供しているのに売れないと感じているのなら、最も必要なことは、**一人ひとりの顧客にピッタリの「場面価値」をつくり出す「コンサル脳」を鍛えることです。**

本書で紹介する黄金の法則を理解し、徹底的に応用すれば、あなたの売上は10倍にも100倍にもなるでしょう。

私は薬科大学を卒業し製薬会社に入社。武田薬品工業の営業時代、入社3年目に東京支店・病院担当者の中で売上ナンバーワンを達成しました。全国的にあまり売れていない製品や複数の新製品で全国トップクラスの営業成績を叩き出し、新たに担当した業績不振の地区の売上を、2~3年で10倍に伸ばしました。また、営業部門からマーケティング部門に異動した時には、日本国内で大不振の製品を、4年間で売上を10倍にした実績があります。

その後、武田薬品工業を離れ、ヘルスケア業界でセールスやマーケティングのエッセンスを教える活動を行うようになりました。現在では、コンサルタントとして営業・マーケティング、人材育成を行い、ヘルスケア業界以外でも売上を上げたい企業をサポートしています。

これまでの数十年間、数多くの失敗をしながら、顧客から学び、営業やマーケティングの手法、行動科学、行動心理学、行動経済学などを自己流で取り入れて売上10倍の方法をつくり出し、指導をしてきました。

本書でご紹介する方法は、訪問販売と店舗販売のどちらであっても有効ですし、自社商品の販売でも他社商品の委託販売でも真価を発揮します。

売上を少しでも上げたい、自社の商品・サービスを顧客に選んで欲しいと願っているすべての人に向けて、この本を書きました。

片田舎から東京に出てきて、営業とマーケティングの現場で這いずりながらつくり上げた再現性の高い営業手法です。

この手法は大きく**4つのステップ**に分かれています。

①顧客の悩みと欲求を明確にせよ！
②商品・サービスの「価値」をつくり出せ！
③商品・サービスの「価値」を高め、「場面化」せよ！
④買う気にさせる「価値ストーリー」として対話せよ！

そして**売上10倍を継続する3つの力**を紹介していきます。

本書を一読し、ここで紹介するノウハウを実際の仕事で実践してみてください。顧客の悩みに立脚し、成果を約束する「コンサル脳」が習い性となれば、着実に営業成績が向上し、顧客や上司の評価も変わってくることでしょう。

1人でも多くの方が、あなたの商品・サービスを喜んで購入し、満足し、その良さがどんどん広がっていく。そんな好循環をつくり出すことができるよう、少しでもお役に立てれば幸いです。

さあ、あなたの商品・サービスの価値を10倍にしていきましょう。

2021年11月

菊岡　正芳

目次

第2章 顧客が買う気になる顔を描こう!・・・43

第3章 商品・サービスの価値を10倍にせよ！・・・69

第5章　顧客の「買いたい」を生み出す「価値ストーリー」で対話せよ！……151

※ 本書で紹介している「価値ストーリー®」は合同会社Ｋｉｋｕ塾の登録商標です。

第1章

顧客の
悩みと欲求を
明確にせよ！

01 あなたが最近買ったモノは何ですか？

あなたが最近買った、商品・サービスを思い浮かべてください。その商品・サービスを買う決め手となったことは何でしょう？

○自分にとって役に立つ
○足りないもの・足りなくなったものを満たしている
○素晴らしい明日・未来が約束される
○今までのもので満足していたが、もっと良くなる
○今までのものを使い続けているとよくないことが起きる

買ったモノはあなたの抱えている困りごとが良くなるものですね。その商品・サービスを買ったことで良い変化が起きます。顧客は商品・サービスを購入することで、**変化を求めたり、顧客にとっての目的を果たそうとしたりします。**

これは私の事例ですが、家を建てて17年が経ち、自宅の家電製品が立て続けに故障しました。これまで使っていた製品には満足していましたが、故障を機に新しいものが必要になったのです。また、コロナ禍だったので自宅の仕事が増え、机と椅子も買いました。「快適に仕事をする」という目的を果たすための買い物です。

次に、性能の高いパソコンに買い替え、セミナー等でのトラブルに備えてiPadを買いました。家で共用していた通信環境も、自分の仕事用に高速の回線を契約しました。今のものでも機能的には十分ですが、さらに良くなることを求めた結果、購入・契約に至りました。

実は、あなたの**「モノを買う」という決断の中に、商品・サービスの売上が10倍になる答えのヒント**があります。実体験の中に答えはあるのです！

あなた自身の事例で考えてみましょう。

まず買ったものをリストアップします。
次にどんな目的で買ったのかを具体的に考えます。

●何か足りなくなったのか?

●何か不満になったのか?

●どんな変化を期待したのか?

●どんな可能性を期待したのか?

●そして購入の決め手となったことは何か?

実体験の中に、商品・サービスの売上が10倍になるカギがあります。あなたの商品・サービスだったら、顧客はどんな目的で買うのでしょうか。

具体的な場面を考えていくことが売上10倍のスタート地点です。

02 この罠に陥っていたら売上10倍のチャンス！

あなたは、自身の商品・サービスに自信を持っています。

それなのに、「どうしてこんなに良いものが売れないの？」と感じているのではないでしょうか。

○商品・サービスに自信がある
○機能が高い
○競合と比べて優れたポイントがある、少なくとも負けてはいない
○価格勝負で売りたくない
○一部の固定客がいる
○固定客は価値を分かってくれている
○ウェブサイトで紹介している
○Facebook、Instagram などのＳＮＳで紹介している
○広告を出している

そして、あなたは次のようなことを実現したいと願っているでしょう。

○もっと多くの顧客に使って欲しい
○価格を変えずに爆発的に販売量、顧客の数を増やしたい

多くの会社の商品・サービスが、営業活動を頑張り、広告宣伝をどんどん行っても売上が伸びない要因は、実は「良かれ」と思って行っていることの中にあります。

良かれと思って行っていながら、売上や実績に結びついていないものには、次のようなものが考えられます。

●商品・サービスの価値を提供者の視点で訴えている
●機能を重視し過ぎている
●説明や紹介を丁寧に詳しく行っている
●提供者としては良いものができたと満足している
●顧客が今使っているものを変更することを想定している

●モデル顧客（ペルソナ）を作り、モデル顧客向けのメッセージで発信している

これらは、あなただけではなく、多くの会社が実際に行っているセールス・マーケティングの方法です。「顧客のことを考え、十分な商品・サービスとメッセージを作り発信する」この一連の方法は、結果を残せないセールスパーソンが陥りがちな罠といえます。この点についても、本書では詳しく解説していきます。

03 競合差別化失敗の実体験

私が駆け出しの営業パーソンだった頃、大手製薬企業の主力商品では、過酷な競争が行われていました。当時の会社の指示は、「他社に負けるな」「1人でも多くの顧客に会え」「自社の商品名をコールせよ」「足で稼げ」というものでした。

さらに競合との違いを際立たせるため、自社商品の優れているところと競合との違いを学び、それが正義と信じ込み、顧客である医師たちに紹介していました。しかし、賢明な医師たちは、他社と同じような商品パンフレットを持参しても聞く耳を持ちません。

私は医師の目に留まるように、自作の立体的な「情報シート」(クリスマスカードのようなもの)を作ってみたりもしましたが、思うように売上が伸びていきませんでした。

「まだまだ他社商品との違いが医師たちに伝わっていないんだ」と考え、いっそう熱を込めて差別化を試みました。会社から教えられたことを実践し、夜討ち朝駆けで仕事をしていました。夢中になって仕事をしていくうちに、当時の私は気が付けば「押し売りの営業パーソン」に成り果てていたのです。

押し売りのセールストークを続けていると、「菊岡さん、その話は以前に聞きました。何か新しい情報があったら持ってきてください」「今忙しいから、次にしてください」と次第にあしらわれるようになり、話をする機会がどんどん減っていきました。

同期の仲間や先輩たちは、努力してもなかなか医師たちに話を聞いてもらえず、顧客からの否定的な反応が続くと次第に自分の力を信じられなくなり、疲れ果て、ついには会社を去っていきました。

思い切って私も会社を辞めて、病院薬剤師として勤めようか、調剤薬局を作り独立しようかと考えました。しかし調剤だけの薬剤師は自分に合わないしどうしようと悩みながら、毎日相変わらず競合との差別化と押し売り営業を続けていました。

しかしそんなある日、転機が訪れました。

とある循環器内科の若手医師と1対1で話す機会がありました。そこは、大学病院の医師用の控え室でした。

「菊ちゃん、めちゃくちゃ頑張っているのは分かるよ。勉強してデータも整理して、薬のさまざまな違いを教えてくれることは嬉しい。とても助かる」

最初は私の仕事ぶりをねぎらってくれました。

しかし、その若手医師が本当に言いたいことは次からです。

「菊ちゃんは製品の差別化、やりすぎだよね。実は医師はそんな小さな差を知りたくないいんだ。それらは処方の決め手にはならない。情報として薬の違いはあるけれど、**医師は薬を見ているのではなく、患者さんを診ているんだよ**」

医師は患者さんを診ている。製薬会社の営業である私は、分かっているようで分かっていませんでした。医師は薬の違いで処方を決めると思い込んでいました。

医師は続けます。

「医師はさまざまな患者さんを診ている。高齢者もいれば若い患者さんもいる。循環器内科ひとつとってもさまざまな病気があり、その病気の状態や、合併している病気も違う。**一人ひとり**

違う状態の患者さんに、どの治療を行うのが最適なのかを考えているんだよ」

「薬だけではなくさまざまな治療法があるよね。食事に気をつけ運動を行うこともできる。薬が必要な人には、その人の生活の状態も考えて、どの薬が最適かを考えて処方するんだよ。その時に菊ちゃんの示してくれている情報は役立つのだけれど、**商品の機能や特徴の細かい違いとは異なる視点も必要なんだ**」

私はハッとしました。

その若手医師が所属していた東京慈恵会医科大学が大切にしていることは「病気をみずに病人をみよ！」。

医師は患者さんが困っているひとつの病気に焦点を当てて診療に臨むことがあるが、ひとつの病気だけではなく、患者さんの人格・人生を尊重し1人の人間として接し、その人にあった診療・治療を行うことを大切にしています。

製薬会社の営業員として私が見ていたのは、病気に使われるものである薬の機能、特徴、微細な差。一方、医師が診ているのは「人としての病人」。

製薬会社の営業にとって、自社の製品は唯一無二で絶対的な存在です。一方、医師にとっては、患者さんという人の病気の治療に使うことができる数多くの道具のひとつ。彼らにとっての薬は、相対的な存在だったのです。

薬学部を卒業し、製薬会社に入社して「薬」の力を素晴らしいものだと信じて活動していた私にとっては、ある意味、ショッキングな出来事です。

「病気をみずに病人をみよ！」

病人の役に立つのが「薬」の役割。そのために営業としてどんな行動をしたら良いのだろう？

私がその後、長い会社人生の中で、ずっと追いかけ続けるテーマになりました。

私の営業・マーケティングの長い旅の始まりです。

本書では、事例として薬の話がときどき出てきます。その理由は、この分野での私の経験が豊富なことに加えて、薬は顧客である患者さんの命や体調変化に大きく関わる商品のため、通常の商品よりも厳しい目で1番良いものが選ばれることにあるからです。

薬の事例もできるだけ分かりやすく紹介しますので安心して読み進めてください。

04 「顧客の悩みと欲求を明確にする」あなたの進むべき道

売上10倍を作り出す「コンサル脳」のつくり方は、本書の「はじめに」で紹介したように、大きく**4つのステップ**に分かれています。

①顧客の悩みと欲求を明確にせよ！
②商品・サービスの「価値」をつくり出せ！
③商品・サービスの「価値」を高め、「場面化」せよ！
④買う気にさせる「価値ストーリー」として対話せよ！

最初のステップ**「顧客の悩みと欲求を明確にせよ！」からスタート**します。

あなたが最近買った商品・サービス。買った目的を具体的に思い描いてください。その商品を買ったのはどうしてでしょうか？　そして顧客は、あなたの商品・サービスをどんな時だったら買いたいと思うでしょうか？

どんな状況に置かれたら、買わざるをえないと思うでしょうか？　あるいはどうしても必要だと思うでしょうか？

顧客にとって「大して重要ではない」「急いでいない」商品・サービスでは、到底彼らの購買意欲を想起させることはできません。

また、最近、商品を買い替えたばかりだとしたら、同じようなものを勧められても買う気にはならないでしょう。しかし、ある程度の時間が経ち、何かの不都合や不満、あるいは足りないと感じる場面が出てくると買うことを検討し始めます。

顧客のほとんどは現状の商品・サービスに満足しています。そして、既に所有している商品や愛用しているサービスには、満足感が高まるという思い込みが働きます。他者のものより自分のものが素晴らしいと考えます。

一方、提供者であるあなたは、自社の商品・サービスが１番素晴らしいと確信しています。**自分の提供しているものが１番という同じ思い込みが働きます。**どうして顧客はこんな良い商品なのに買わないのだろう？　と不思議に思うことはないでしょうか。

顧客も売る側のどちらも自分のものが１番と思っています。

あなたにとっては自分の商品・サービスを売ることが緊急で重要です。一方、顧客は自分の所有物に満足し、新たな商品・サービスは緊急でも重要でもありません。したがって商品・サービスがいかに優れていても顧客から選ばれないのです。

では、どうしたら顧客から選ばれるのでしょう？

端的に言うと、顧客の中で、**あなたの商品・サービスが緊急で重要となる「場面」を作り出す**ことです。緊急・重要のどちらも満たすことが１番ですが、まずは、顧客があなたの商品・サービスを購入することが「重要」と捉える「場面」をつくり出しましょう。

「どんな時だったら買いたいと思うでしょうか？」「どんな状況に置かれたら買いたいと思うでしょうか？」「買わざるを得ない状況とはなんでしょうか？」「どうしても必要だと思うでしょうか？」

そんな「場面」をつくり出すのです。

05 顧客が買いたくなる「場面」とその効用

顧客があなたの商品・サービスを買いたくなる「場面」を想像してください。

● どんな状況が思い浮かぶでしょうか?
● その状況で顧客は何をしているでしょうか?
● 何をみて、何を感じているでしょうか?
● どんな考えが浮かんでいるでしょうか?

営業やマーケティングの教科書では、商品・サービスを使っているペルソナ(顧客の具体的なイメージ像)を設定し、その顧客が使っている日常の生活を描くことが重要であると書かれています。その生活の中には顧客が商品・サービスを使っている場面が描かれます。これはとても重要です。

一方、**使っている場面と買いたくなる場面は異なります。**

買いたくなる場面では、あなたの商品・サービスは、今は顧客のもとになく、手元にある場合は、あなたが新たに使ってもらいたい場面で使えると思っていません。

●顧客が買いたくなる場面では何をしているでしょうか？
●何をみて何を感じているでしょうか？
●どんな考えが浮かんでいるでしょうか？

私は最近5GのWi-Fiを契約しました。

契約したくなった場面は、セミナーやコーチングの最中に、今まで十分だったWi-Fiの繋がりが悪くなってきたときです。それは一度ではなく、たびたび起きていました。

「どうしたのだろう？」「仕事に差し支える」「このままじゃまずい」「何か対策を考えなくては」「でもそのうち改善されるだろう」「何か特殊なことが発生していて今だけかもしれない」「慌てる必要ない」「でも情報を調べてみよう」「同じものを持っている友人に聞いてみよう」「続くと絶対困る」「信用を失う」

とても困り、急いで改善したいという思いや感情が急に出てきます。

その後、同じ機材を使っている友人に相談したところ、繋がりにくい原因がわかり、大慌てで別の回線に新規契約をしました。

これまで満足していたモノでも、事情が変わったことによって重要な課題となり、さらに原因が判明したことで緊急に格上げし、契約に至ったのです。

顧客が買いたくなる場面では、さまざまな思考や感情が動いています。不安や恐れ、不満・期待、現状維持と変更等、さまざまな葛藤が生まれます。

人が購入を決断するのは、感情が動く時と言われています。商品・サービスの優れた機能を知るという知識からではなく、欲しい・買いたい・必要という感情が動くときに購入します。

つまり、**感情が動く場面を作ることで顧客を購入に向かわせる**ことができるのです。

これらの「場面」の詳しいつくり方を急いで知りたい方は、第4章（P113参照）をご覧ください。

06 顧客が購入を決める3つの重要基準！

「コンサル脳」をつくり、売上を10倍にするために、顧客と常に考えるべき3つの重要基準があります。

① 今までと何が変わりますか
② 信頼できる話ですか
③ リスクはありませんか

3つの重要基準には順番があります。お示した①→②→③の順番です。

最も重要なのが、1つ目の「今までと何が変わりますか」という基準です。

顧客があなたの商品・サービスを買うときに、必ず何かの

顧客が新しい商品・サービスを選択するポイント

顧客が新しい商品・サービスを選択するポイントは、
次の 3つが満たされた時

1. 今までと何が変わりますか
2. 信頼できる話ですか
3. リスクはありませんか

変化を求めています。変化が必要な「場面」があります。

食事であれば空腹を満たす場面があり、その場面では単にお腹がいっぱいになるだけではなく、どんな食べ物を味わいたいかが重要です。

服装は場面に応じて変わるモノの代表的な例といえます。

「いつもよりリラックスしたい」「より着飾りたい」「相手に信頼できる人と判断してもらいたい」など、何らかの期待があり服装を選んでいます。新しい服を購入するとき、顧客はどんな場所でどんな理想の姿になりたいかを思い描いています。


何も変化を得られないなら新たな商品・サービスは必要ありません。何かが変わるから、必要な変化を得たいから購入するのです。そして**期待外れになるものは買いたくありません。**


2つ目の「信頼できる話ですか」が次いで重要な基準となります。

宣伝文句に騙された経験が人には少なからずあります。騙されたくない、無駄なお金は使いたくない、誰もがそう思っています。あなたの商品・サービスの機能、その評価データが顧客の「信頼できる話ですか」という疑念を解消し、顧客の購買意欲を高めることにつながります。

一方、商品・サービスの機能、評価データが顧客の望む変化や理想の姿にマッチしているかどうか、顧客に分からないことが多々あります。

洋服であっても宣伝された機能や評価データでは分からないと感じることがあります。したがって実際に店舗で実物を手に取り試着したいと感じる人がいます。私は洋服のネット購入にはTシャツやパジャマ・靴下などの日用使いの品以外は踏み切れていません。

「信頼できる話ですか」は**単に機能・データではなく、顧客の望む変化に合わせた「信頼できる話」が必要なのです。**しかしながら顧客の望む変化に合わせたメッセージに置き換えている商品・サービスがほとんどないのです。

3つ目の基準「リスクはありませんか」は多くの商品・サービスが満たしているでしょう。洋服の場合、購入して洗濯したらすぐに縮む・色落ちするなどのリスク情報は、現代ではクチコミを調べれば掲載されています。医薬品の場合には予期せぬ副作用が出ることがありますが、多くの商品・サービスでは初期不良が起きることがあってもサポート体制が整っています。

売上10倍を達成するには、重要な1つ目の基準「顧客の望む変化」に合わせて、2つ目の基準「信頼できる話」をつくり出し、3つ目の基準「リスク」を取り払い、顧客にメッセージと価値を届けていくことです。

07 購入を左右する3つのモノ！

顧客の誰もが持っている3つのモノ。それは**過去・現在・未来**です。

あなたにも私にも過去があり、今という現在があり、数秒後に突然死《とつぜんし》しない限り、未来があります。あなたの提供する商品・サービスを購入させたい顧客には、必ず過去に競合や旧商品、代わりとなるサービスを使った過去があります。過去から現在に存在しない商品・サービスであっても「何も経験がない」という過去が存在しています。

「過去」は、顧客が商品を購入する瞬間である「現在」に影響を及ぼします。

顧客が過去に販売した商品・サービスが良いと感じれば、その会社の商品のリピーターになる可能性があります。一方で、それが良くないと感じれば、他の商品・サービスを求める欲求を高めます。

あなたの商品・サービス、競合の商品が、どんな「過去」を生み出しているのか明確にしていきましょう。

至極当たり前のことですが、「現在」というものは結局のところ、過去の体験したモノやコトの延長にあるのです。つまり、「過去」を明らかにすることによって、「現在」の気持ち・状態が分かるのです。

今年の春に、私はタオルケットを買いました。今のタオルケットは真夏用の小さいサイズでお腹を覆いますが、足は覆いません。真夏は良いのですが、私は足が冷えると睡眠の質が落ちる、頭寒足熱という解釈を信じていて、足を温めて寝たいという希望を持っていました。少し厚手の大きめのタオルケットを買い、とても満足しています。足を覆わずに冷えるのが嫌という体験が不満足を生み出し、購入につながりました。

「タオルケットで睡眠が良くなる」というのは、**過去から購入時点（現在）まで続いている解消したい不満です。購入時点では「未来への期待」です。**

顧客には望んでいる未来があります。一方で望んでないことが起きる「避けたい未来」も存在しています。タオルケットの例では、足が冷えて夜に目が覚めて睡眠の質が落ち、翌日の仕事や生活で集中できない、能率が落ちるなどの「避けたい未来」があります。

「理想の未来」への変化を提供する商品・サービスが売れることは簡単に理解できますが、**「避けたい未来」から逃れることを提供することで「売上10倍」を達成している商品もあります。**

機能性食品として売上を伸ばしている特茶やヨーグルト。血圧が高い人がさらに悪くなることを抑える可能性がある、肥満を気にする人が肥満の要因である糖質や脂肪を吸収しにくい可能性がある、腸内環境がよくなる可能性がある。これらの効果は顧客の「避けたい未来」の実現を防ぐことができます。

美容系の商品も同様です。肌のシミの進行を抑える可能性がある、美肌になる可能性がある商品・サービスが数多くあります。いつまでも若々しく、年齢よりも若くありたいという「理想の未来」がある一方で、広告メッセージは「避けたい未来」から逃れるものも多いです。

人は「失いたくないという思い」が、「何か新しいものを得たいという思い」より強いのです。この**「損失を回避したい」という思いが、購買意欲につながるのです。**

人が誰でも持っている「現在・過去・未来」という、この3つの存在を考慮した価値が、売上10倍を目指す重要なポイントになるのです。

08 顧客にとっての「オンリーワン」を考えよう！

顧客が購入を決める3つの重要基準（今までと何が変わるか、信頼できる話か、リスクはないか）と、顧客の購入を左右する3つの存在（過去・現在・未来）を総合して考えてみましょう。すると、あなたの商品・サービスにつくり出す価値のあるべき姿について、次のような結論が導き出せます。

あなたの商品・サービスが顧客にとっての「オンリーワン」であること

服装では、特別なプレゼンの機会のためのスーツや、合コン、女子会、スポーツ観戦、キャンプなど、場面に合わせたものを着たいですね。そしてあなたの身体のサイズに合ったものに加えて、着心地や自分の肌の色などに合った服が欲しい場面があります。着痩せして見える服が欲しい人や、痩せすぎを隠したい人もいます。服装選びには良い経験も嫌な経験もたくさんあるのではないでしょうか。

つまり、あなたがその場面に最も相応しいと思う服が欲しいと思います。

薬では同じ病気であっても、患者さんの年齢や合併症、仕事や生活環境などのライフスタイルが異なり、また治療の経過である過去と現在の状態も異なります。一人ひとりの患者さんにあった治療薬が選ばれることがベストです。

顧客はその商品・サービスを使うとき、「これが1番自分にマッチしているオンリーワンだ」と思うとき、初めて「購入したい」と感じます。中には「他の人にとってのオンリーワン」では嫌だという人もまれにいますが、基本的に選べるものの中から自分にとってのオンリーワンを感じられたとき、それが顧客にとって最高の購買体験となるのです。どんなに機能が優れていても、「自分にマッチしていない」と思われてしまえば、購買意欲を引き出すことは難しいです。

一方で、「ナンバーワン」という広告は非常によく用いられています。ナンバーワンには購入する際の安心感があります。3つの重要基準の2つ目と1つ目の条件を満たしています。安心がより重要で、現状維持や少しの変化で良ければナンバーワンは最高の宣伝文句なのです。

最近の広告では「・・・の分野ではナンバーワン」という「うたい文句」がたくさんあります。2つ目の条件「信頼できる話」かどうか疑わしいナンバーワンもたくさん世の中にあります。

人が購入したい、何としても手に入れたいと感情が動くのはナンバーワンより「オンリーワン」なのです。 恋愛でもナンバーワンの異性を取り合うより、「私にとってのオンリーワン」を求める方が多いのではないでしょうか。

これからつくっていくのは、**「特定顧客」の「特定場面」での「オンリーワン」です。**

顧客が多様化している時代。「私にとってオンリーワン」と感じるメッセージや価値こそが顧客の心に突き刺さるのです。

コラム1　営業で商品が蘇《よみがえ》る　百年企業「桃屋」

桃屋の商品といえば「ごはんですよ!」が有名です。

私が子どもの頃からある商品で、裕福でなかった我が家ではお腹をいっぱいにするため、桃屋の「ごはんですよ!」を白米に乗せて、おかずの代わりにしていたものです。

その桃屋が営業戦略で復活したという話題が、私の好きなテレビ番組「がっちりマンデー!!」(TBSテレビ)で放送されました。

桃屋がとった営業戦略は、スーパーの店頭に立ち、試食販売を行いながら、顧客の体験を聴くことでした。

顧客の体験を聴いて分かったことは、顧客の望む調理の場面は、調理が簡単で3ステップ以内で作れる、そして家庭の冷蔵庫の材料で手軽に作れる。つまり、手間をかけずに、冷蔵庫の常備の材料や余っている食材を使って簡単に作れることでした。

顧客の望んでいる調理の「場面」が分かったことから桃屋の取った施策は、桃屋商品を使ったレシピを次々に作り、そのレシピを用いて店頭で調理を行い、顧客の体験を聴く。そしてレシピの評判を集め必要に応じてレシピを改良。そして、調理の場面ですぐに使ってもらえるよう顧客に商品の印象を植え付けることでした。

この施策を繰り返し、実施店舗を広げることで売上がどんどん上がっていったのです。

その後、評判の良いレシピをウェブサイトで公開することで、顧客がレシピを使った写真をSNSに掲載し、その良さが広がっていきました。スーパーの店頭での営業活動は続け、調理という場面で、オンリーワンと顧客が認める、お手軽で美味しいレシピを広めていくことで、商品価値を高めていったのです。

桃屋のとった営業戦略は、調理の場面に合わせた具体的なレシピの提案を行い、顧客が見て体験して、「これは便利、簡単、美味しい」と感じる、感情を動かす場面をつくり出すことでした。

100年の歴史がある企業の伝統ある商品を現代の生活スタイルに合わせ、顧客の必要な場面に合わせた価値、オンリーワンの価値をつくり出したこと。その価値を実際の顧客体験の場で味わい、感情を動かし、購入に繋げていった。顧客が「便利、簡単、美味しい」と感じた場面をリアルと共にウェブサイトやSNSでどんどん広げていったこと。

これらが「ごはんですよ！」が再び桃屋の目玉商品に返り咲いた戦略だったのです。

第2章

顧客が
買う気になる
顔を描こう！

01 顧客が購入時に示すさまざまな顔

人が商品・サービスを購入するときに、同じ人であれば、いつも同じように買うでしょうか？

同じ1人の顧客であっても、使う商品・サービスによって、いくつかの顔を持っています。いくつかの顔を持っているということは、購入するときの判断基準が顔の表情のように変化するということです。人は、ひとつの判断基準に縛られているのではなく、購入する商品・サービスによって変わりうるのです。

仮に商品・サービスの購入基準がいつも同じであれば、人は必ず同じ商品・サービスを買い求めます。しかし人は感情を持つため、感情により購入基準が変わります。その時の体調や、サービスを提供する人との相対的関係などに強い影響を受けます。

購入基準は常に変化し、その変化は刻々と変わる可能性があることを念頭に置いておきましょう。

たとえば、食事の際はいつも塩分を控えている人が運動して汗をかいた後はしょっぱいものを食べたくなります。お酒を飲むと薄味が物足りなくなり濃い味を求めるかもしれません。

冷静に判断している医師でさえ、体調や感情により差し支えない範囲で薬の選択基準が変わる時があります。

人は６つの顔（判断基準）を持っています。あなたの商品・サービスを購入する顧客は、どのような顔を持っているか、どんな判断基準を持っているか考えてみましょう。

①新しいものへの考え方で顔が変わる
②得意分野か苦手分野で顔が変わる
③重要性と緊急性で顔が変わる
④面倒さで顔が変わる
⑤不満足の捉え方で顔が変わる
⑥誰かの影響で顔が変わる

それでは、これらの変化を詳しく見ていきましょう。

顧客の持つ６つの顔（購入の判断基準）	
顔１	新しいものへの考え方で顔が変わる
顔２	得意分野か苦手分野で顔が変わる
顔３	重要性と緊急性で顔が変わる
顔４	面倒さで顔が変わる
顔５	不満足の捉え方で顔が変わる
顔６	誰かの影響で顔が変わる

02 顔（判断基準）① 新しいものへの考え方で顔が変わる

あなたは新しいモノやサービスをすぐに購入するタイプですか？　飛びつくタイプですか？

私は子どもの頃から、新しいモノやサービスが大好きで、すぐに買いたくなりました。裕福でなく田舎で育ったので実際に買うことはできませんでしたが、雑誌に載る新製品に憧れていました。学生時代にアルバイトで稼いだお金で、遠く離れた東京の文化放送やニッポン放送のラジオ番組や音楽を聴くため、福井の田舎に届く微弱な電波をキャッチするソニー製のラジオを買いました。会社に入ると当時月給の3か月分以上したアップルのパソコンを買いました。結婚後もレーザーディスクやビデオカメラなどの新商品を人より早く買う傾向にありました。

私は新しいものを早めに買う傾向にありますが、価格が高いうちは手が出ないので、少し普及し価格が下がってから買っていました。

人は一般的に、**自分の関心・興味の高いものは早く買う傾向にあるといわれています。**

この新しい商品・サービスの購入動機を理論で示したものが、ジェフリー・ムーア著『**キャズ**

ム』（翔泳社）です。この本で紹介されている内容は、新商品をブレイクさせる「超」マーケティング理論。具体的には**顧客の新しい商品・サービスへの飛びつき方を5つに分けています。**

①革新者（イノベーター）

新しいものに最も飛びつきやすい人たちが革新者（イノベーター）。新しいテクノロジーを追い求め、斬新なテクノロジーに敏感な人たち。提供者側がマーケティング活動を始める前に情報を収集し、購入する顧客です。

②先駆者（アーリーアダプター）

２番目に買い求める顧客層です。新しいテクノロジーが好きで、情報感度が高い人たち。技術や機能志向もありますが、新商品がもたらすメリットや目新しさに満足して購入します。自分にとって手頃な値段＝価値に合う価格となったときに買う顧客です。

私の場合は興味・関心が高いものは先駆者（アーリーアダプター）として購入していることが多いと感じています。

③**初期多数派（アーリーマジョリティ）**

テクノロジーや機能よりあくまでも実用性を重んじます。購入前に必ず導入事例や利用者の声などをしっかり確認してから購入する顧客です。

使用・購買体験がウェブ上に溢れている現代では、ほとんどの人は導入事例や利用者の声を調べます。高い買い物ではないランチであっても、調べる人が増えています。

この**初期多数派が顧客全体の３分のⅠ**を占め、この顧客の使用が商品普及の成否を決めると言われています。**売上10倍のカギとなる顧客**です。

④**後期多数派（レイトマジョリティ）**

テクノロジーや機能よりあくまでも実用性を重んじ、かつ新しいテクノロジーを使うことに多少の抵抗感を持つ顧客を指します。できれば業界標準が確立されてから購入したい、信頼性やサポートを重んじる顧客です。

後期多数派も顧客全体の３分の１を占め、この人たちへのアプローチがさらなる売上の増大につながっていきます。

⑤無関心層（ラガード）

新しいテクノロジー・機能が苦手なうえに、心理的にも嫌いな人たちです。何があっても買わない顧客です。しかしながらハイテク商品がほかのものに組み込まれていると、抵抗なく購入することがあります。たとえば掃除機や洗濯機など生活必需品の買い替え時に新しい機能がついた商品を選ばざるを得ず買っています。

あなたはキャズムの5分類で考えると、どの傾向がありますか？　商品・サービスによって変わることも感じてみましょう。

そして**あなたの商品・サービスは、5分類のどの顧客が使っていますか？**

主要顧客が1番目の革新者、2番目の先駆者で止まっているとしたら大チャンス。初期多数派が顧客の多数を占めていても、ビッグチャンスがたくさんあります。後期多数派でも諦めることはありません。違う顧客層を狙って、商品・サービスを一部仕立て替えて大きなチャンスをつかめます。

03 顔（判断基準）② 得意分野か苦手分野で顔が変わる

あなたの得意なことは何ですか？　詳しいことは何ですか？

一方で苦手なこと、詳しくないことは何ですか？

私は新入社員の頃からパソコンが得意でした。自作パソコンこそ作りませんでしたが、購入したパソコンの機能を向上させるための部品交換をやりました。プログラミングもかじっていました。

社会に出てからは、ヘルスケア分野の営業・マーケティングから、企画や戦略づくり、さらに人材育成分野でコーチング・キャリアコンサルティングも身につけました。これらをずっと自らも学び、積極的に情報収集を行い、さらに連載記事の投稿や発信を行っています。

あなたも、得意分野のものはたくさん所有し、学びの場に積極的に参加していませんか。最新情報に触れていたくなり、最新鋭の機種がすぐに欲しくなりませんか。

得意分野では情報を求める機会が増え、本来は必要ないものであってもリスクを取って購入する機会が増えます。

一方、苦手分野では、自ら情報は集めませんし、購入しようと思いません。自分で判断すると間違える可能性が高いからです。

ただし苦手分野であっても自分が好きな新しい分野に近いと欲しくなります。

ちなみに私は料理が得意分野ではありませんでしたが、新しい電化製品が大好きという得意分野と重なる部分があったため、時短調理という目的を達成できるハイテク電気調理器を買いました。

苦手分野でも得意分野と関連づけることで売上10倍につながる可能性があります。

04 顔（判断基準）③ 重要性と緊急性で顔が変わる

あなたは重要でもないものを買うことが多いですか？　緊急に必要でないものを買うことが多いですか？

人には予想もしないトラブルがやってくることがあります。

重要なものを緊急事態で買い、その後も役立っているものがある一方で、無駄な買い物をして後悔した経験は誰もが一度はあるものです。

出かけたときに急に大雨に降られて傘を買い求め、家にビニール傘がたくさん溜まっている。旅行先で寒さに襲われ洋服を買い足したものの、その後一度も着ていない。誰にでも心当たりがあるのではないでしょうか。

急に必要となる場面で、通常は重要ではないモノやサービスを取り揃え、売上を高めている店舗があります。

この営業には人がそれを求めやすいという地の利が重要となります。たとえば、駅前の店舗が挙げられます。急な雨による傘の購入や、観光や出張帰りのお土産が購入されます。また飲食店やスーパー・コンビニなどは立ち寄りやすさが価値を生み、売上を高めます。

●商品・サービスが購入されるとき顧客にとって緊急であることが多い場合

あなたの商品・サービスが出店場所に大きな影響を受けるならば、売上10倍を実現するためには、直ちに出店場所の検討に入ることが望ましいです。人の目に付く場所に出店し、緊急時にはあなたの店舗で買えるという記憶を顧客に植え付けます。

場所の影響を大きく受ける商品は、多くの場合、似た商品が多く販売されており、商品・サービスの価値よりも、提供場所の価値で選ばれる傾向にあります。

●商品・サービスが「それ自体の価値」により購入される場合

商品・サービスの価値によって選ばれる場合には、**顧客にとっての重要性を高める必要があります。**

顧客は自分にとって重要でないものは全く見向きもしません。目に留まることもほとんどありません。重要と考え始めると、目につき始め、情報を集め始めます。

一方で、人の影響を受けて重要と考え始める場合があります。知人・友人が使っている場面を見たり、聞いたりすることで、全く重要でないと考えていたものが重要なものに変化することがあります。威圧運転のニュースからドライブレコーダーが欲しくなることもあるでしょう。また、コロナ禍によって殺菌消毒グッズを買い求めるなど、生活環境の変化により重要に変わることがあります。

そして**重要性は緊急性と結びついています。**

人は緊急性を優先するのですが、緊急性が近づくと重要性が増していきます。車の車検が近づくと車の買い替えやリースが気になり重要と考え始めるでしょう。購入時期が近づく、つまり緊急性が増すにつれ情報収集・比較検討の本気度が増していくのです。

顧客が本気で考え始めた時に、あなたの商品・サービスが競合より重要となる「価値」、顧客に選ばれる「価値」を分かりやすく伝える準備が必要です。

顧客の緊急性はあなたがコントロールできないことが多いですが、重要性はあなたがコントロールできるからです。顧客が購入しようと検討している「場面」、使用する「場面」での「価値」づくりが売上10倍のカギになります。

05 顔（判断基準）④　面倒さで顔が変わる

あなたは買い物に行くとき、遠くのスーパーの方が安いことが分かっていても、多少高い近くのスーパーで済ませてしまうことはありませんか？

今は生活に欠かせないコンビニエンス・ストア。
トップ売上を誇るセブンイレブンの１号店ができたのが１９７４年５月、ファミリーマートは１９７５年５月。コンビニエンス・ストアには45年を超える歴史があります。

当初は、ペットボトルの飲料や、おにぎりを買うことくらいしか用途がありませんでした。スーパーに比べると商品の価格が高く、品揃えが少なかったからです。当時の多くの人は、コンビニエンス・ストアはお金を無駄にする場所と感じていました。

コンビニエンス・ストアが発展した１９８０年代は人口の多い団塊の世代が30歳代になり、仕事が忙しく、かつ家庭を持った時代。収入にゆとりが少しでき、コンビニエンス・ストアの名前どおり、便利さ、購入の面倒さを取り除くものに価格を超える価値が生まれました。購入時間に対して対価を支払う時代になったと私は捉えています。

売上10倍を達成するために、面倒さを取り除くことはとても重要です。現代は多くの商品・サービスをインターネットで買い求めることができます。ワンクリックで買えることはとても便利で、私も日常的に使います。

本書は面倒さを取り除くこと自体については、多く紹介していません。他の良書を参考にしてください。本書では、**顧客が面倒さをかけても買い求めたい「価値」をつくり、顧客にそれを気付かせる方法を示しています。**

同じインターネット上で比較検討する顧客に、あなたの商品・サービスを買い求めたいと思わせる「価値」をつくっていきましょう。

06 顔（判断基準）⑤ 不満足の捉え方で顔が変わる

あなたはすぐに商品・サービスの不満を感じる方ですか？　その際、すぐに買い替えますか？　あるいは不満を感じることが少なく、感じたとしても長く使い続ける方ですか？

人は**何かを購入したとき、無意識に、商品に対して満足か不満足かの判断を行なっています。**買ったものが自分のためのものであれば、自分にとっての満足・不満足を判断します。他の人のために買ったものであれば、使う人にとっての満足・不満足を判断します。

さて、人は満足・不満足に対していつも同じ捉え方をするでしょうか？

満足・不満足の捉え方に影響を与えるものは、商品・サービスの機能や品質もそのひとつですが、最新鋭の機能や最高のサービスを備えていれば顧客が必ず１００％満足するものではありません。

最も大きな影響を与えるのは、顧客の期待です。顧客が商品・サービスを買い求める期待が満足・不満足の捉え方に影響を与えます。

顧客の抱く「期待と満足・不満足の捉え方」には、大きく分けて2種類あります。

1つ目は、**時間経過による期待と満足・不満足の捉え方。**2つ目は、**評判やデータが示す期待値からの満足・不満足の捉え方**です。それぞれ考えていきましょう。


1つ目、時間経過による期待と満足・不満足の捉え方には、3種類あります。

①購入前の期待による満足・不満足の捉え方
②購入直後の期待による満足・不満足の捉え方
③しばらく経過後の期待による満足・不満足の捉え方

人は必ず購入前に何らかの期待を抱きます。購入前の期待により、満足・不満足の捉え方が変わります。

たまたま雨に降られた時に買ったビニール傘であれば、その雨がしのげれば十分という期待です。強い風ですぐに壊れると不満足になります。

常時持ち歩きたい日傘兼用の折りたたみ傘を購入すれば、晴れた暑い夏の使用も期待になります。兼用傘では雨天と晴天の２種類の期待があり、異なる満足・不満足が起こります。

２つ目、購入直後の期待からの満足・不満足では、購入者自身が判断する場合と、判断者が変わることもあります。

購入者自身の場合、たとえば飲食店でその店の料理を食べたら、すぐに満足か不満足かの判断を下せます。判断者が購入者ではない場合、たとえば友人のために買ったプレゼントで、友人が喜ぶだろうという購入者の期待がありますが、友人が受け取った時の表情や言葉が、購入直後の満足・不満足に変わってきます。

３つ目、しばらく経過後の期待による満足・不満足の捉え方には、人の思い込みの影響を受けます。

何度か商品を使い、商品が生活に馴染んで、**私の判断は正しかった**と顧客は考えます。商品の購入ではなく、何らかのサービスを受けた場合でも同じです。これは**保有効果**という思い込みが発生し、自分の持っている・使っているものが１番であると感じる人間の心理的な作用です。

しかしながら時間の経過が、必ずしもその商品に対する顧客の満足感を高めるとは限りません。むしろ、かえって不便を生じてしまうこともあります。

○商品には初期の不具合や予期せぬ故障が起こり得ます。たとえば、外国製の電化製品を買って家に持ち帰ると動かないことが発生します。医薬品では期待しない副作用が発生します。
○競合する新商品・サービスの発売情報を得たり、友人・知人の所有物が良いと聞かされたりすると、今使っている自分のものに不満足を感じ始めます。

時間経過による不満足の捉え方とともに影響を与えるものが、第2の**評判やデータが示す期待値からの満足・不満足の捉え方**です。

Wi-Fiの例ではスピードや繋がりやすさが宣伝されます。実際に使う場面では、宣伝されたスピード・繋がりやすさのデータが指標《ものさし》になり、利用者の満足・不満足を左右します。

同じ商品・サービスであっても、使用者の期待とその判断の指標《ものさし》、判断する時期によって、満足・不満足の捉え方が変わっていきます。

顧客が判断するタイミングにあった情報・価値を提供していくことが売上10倍の要素のひとつになります。

07 顔（判断基準）⑥ 誰かの影響で顔が変わる

あなたが商品・サービスを購入するとき、誰の意見を参考にしますか？

自分の判断を常に正しいと信じている人もいますが、多くの場合は誰かの意見を役立てているのではないでしょうか。

顧客は誰の意見を大切にしているでしょうか。

家族、該当分野に詳しい友人、信頼している人、尊敬している人。自分の知りあいの意見を選ぶことが多いですね。直接話したことのない人であっても、テレビなどでみる芸能人や著名な専門家などの意見にも左右されます。自分が好きな著名人の影響は強くなりますね。最近はSNSの影響が大きく、著名人ではないSNSのインフルエンサーの影響力が大きくなっています。

実証研究では、自分の友人の友人、あるいは友人の友人のその友人という、２次元、または３次元先の人物の影響を受けることが証明されているようです。

見ず知らずの人の影響が大きいと言われると恐ろしい気がしますが、それが現代社会です。これからは、商品・サービスの企画や販促には、ＳＮＳの影響力も効果的に活用していく必要がありますね。

影響のある人の力を使った場合に、影響を受ける情報は何か。これはすでに紹介したように、得意・不得意、新しい商品への興味、緊急性・重要性などによって変わってきます。

売上10倍のメッセージには、誰がどんな時に、どんな価値を必要としているのかを考えてつくっていきます。その**つくった価値を、影響力のある人たち、使用者たちへ発信し、その人たちからの発信を促していきます。**

08 売上10倍の設計図をつくりだそう！

顧客が購入を決定する3つの重要基準、顧客の購入を左右する3つの存在、顧客が購入時に見せる6つの顔を見てきました。

そして顧客が購入するのは特定の場面の特定のオンリーワン。その**「オンリーワン」をつくることが売上を10倍にする「コンサル脳」をつくる近道です。**

重要なことなので繰り返しますが、顧客が新しい選択をするには3つの重要基準があります。

①今までと何が変わりますか
②信頼できる話ですか
③リスクはありませんか

新しい商品・サービスが欲しいときには、必ずそれを使う特定の場面があります。今のままで十分な状態から何らかの変化が欲しい、もっと満足したいと思うことがありますよね。

その欲しい場面とは、**顧客の3つの存在である過去・現在・未来と、欲しいを判断する6つの顔**です。

最も大切な特定の場面での特定の価値とオンリーワンの価値とは、要するに**顧客が欲しいと思う場面で、顧客の過去・現在・未来と、6つの顔に合わせて、あなたの商品・サービスのオンリーワンの価値をつくり出すことなのです。**

「オンリーワンの価値」は、顧客の期待を満たす、顧客の望む未来・実現したい変化を保証するものです。信頼できるものであり、リスクがないものです。リスクがあっても十分リカバリーできることが保証されているものです。

「オンリーワンの価値」ができあがったら、それを現実の顧客の体験したストーリーとして発信・拡散していきます。顧客が共感し、喜び、あらたなことを発見し、感動するストーリーです。

「嬉しい！」「素晴らしい！」「最高！」「やったぁ！」「感動！」「伝えたい！」。感嘆詞が溢れる世界をつくり、伝え、拡散していくのです。

それでは、次の章から、あなたの商品・サービスの特定の場面のオンリーワンの価値をつくっていきましょう。

コラム2　ジョハリの窓　新しい発見！

ジョハリの窓。心理学者のジョセフ・ルフト（Joseph Luft）氏とハリントン・インガム（Harrington Ingham）氏の両名によって1955年に考案された概念です。

自分自身が見た自己と、他者から見た自己の情報を分析し、次の4つの区分で自己を理解していくものです。

① 自分も他人も知っている自分の性質（開放）
② 自分は気付いていないが他人は知っている性質（盲点）
③ 他人は知らないが自分は知っている性質（秘密）
④ 自分も他人も知らない性質（未知）

他者とのコミュニケーションにおいて自分自身の現在の姿を理解することを促す考え方・フレームワークです。

自己をあなたの商品・サービスで置き換えてみるとよく理解できます。

①　自分も顧客も知っている価値／場面と変化・満足（開放）
②　自分は気付いていないが顧客は知っている価値／場面と変化・満足（盲点）
③　顧客は知らないが自分は知っている価値／場面と変化・満足（秘密）
④　自分も他人も知らない価値／場面と変化・満足（未知）

顧客は、あなたの商品・サービスを、どんな場面でどんな変化・満足を期待して使っているのか？　素晴らしい情報がたくさん集まってきます。

場面と変化・満足を顧客にインタビューすると、驚きをたくさん発見できます。コンサルティングを行い、インタビュー結果の整理をしていくと「えーこんなところで使えるの！　使っているの！　**全然知らなかった！　明日、お客さんに早速話してみよう！」という驚きの声**がたくさん上がります。複数の営業パーソンを集めてワークショップを行うと全員から驚きと喜びの声が上がります。

更に良いことが起きます。
ワークショップの結果に触発され「○○な場面にも使えるんじゃないの！」「同じよう

なことが○○にはないだろうか！」という声があがります。

アイデアの触発、横展開が始まるのです。

ジョハリの窓では④が生み出され、③へと発展していきます。

アイデアづくりは確かに難しいですが、複数名で情報を共有し、ブラッシュアップしていくことで、相乗効果が生まれ、よりよいアイデアを生み出すことができるのです。

第3章

商品・サービスの価値を10倍にせよ！

01 顧客の望む未来を実現して価値を10倍にせよ！

あなたの商品・サービスは顧客が欲しくなる機能・品質・競合との違いを満たしています。提供者側は十分満足する商品・サービスを作った。あとは自然に売れていく。絶対に売れるはずだと思っています。

しかし、現実はうまくいかずに悩んでいます。

顧客が欲しいのはあなたの商品・サービスそのものではありません。あなたの商品・サービスを選ぶと実現できる、顧客にとっての満足する変化、**つまり購入することによって得られる「理想の未来」です。**

あなたの商品・サービスは、顧客が実現したい変化、「理想の未来」のための選択肢のひとつ、手段のひとつです。あなた以外が提供するもので、満足する変化や未来が描けるならばそれで良いのです。商品・サービスの機能や品質は大切ですが、顧客にとっては「理想の未来」が得られるかどうかが何より重要で、機能や品質を詳しく知りたいとは本来思っていません。機能・品質などはそのための道具とも言えます。

つまるところ、**「理想の未来」とは、顧客が期待している変化**です。ある特定の場面で、顧客が満足感が得るための変化と言い換えることもできます。

一方で、顧客の不足や不満を充足するだけでも十分となる場面があります。

たとえばランチの店を探す場合、時間がない場面では短時間で食べられる店を探して入ります。一方、顧客とのビジネスランチであれば、おいしい食事で満足でき、かつ静かに話せる、予約で確実に良い席が取れるレストランを選びます。

場面によって顧客の求める「理想の未来」は異なってきます。

あなたの商品・サービスは、顧客のどんな「理想の未来」を実現するのでしょうか。

私は現在、企業向けにマーケティング・セールスのコンサルティング事業を行っておりますが、お客様にコンサルティングを行うと、「もう十分に考えて設定できています」とお答えになる方がほとんどです。

既にあなたの商品・サービスを使って満足されている、満足されているらしい方が確かにいるのです。必ず愛用顧客がいます。

コンサルティングの際、私は会社の方に次のことを尋ねています。

●顧客はどんな場面であなたの店を選びますか？
●どんな目的であなたのお店を選びますか？
●どんな変化に満足されていますか？
●それはあなたのお店でのみ提供できることですか？
●顧客にとってのオンリーワンの場面は何でしょうか？

自信に溢れていたにもかかわらず「いや〜、何だろう」と戸惑う方が大勢いらっしゃいます。

さらに詳しく教えてくださいと伺うと言葉に詰まることが少なくありません。また、1つや2つの事例を挙げることはできても「他の場面はどうですか？」と尋ねると、十分なお答えをいただけないことがあります。

あるいは「トータルサービスが優れています」と答える方もいます。そのトータルサービスを場面で分けるとどうなりますか？　と尋ねると、「一つひとつは他と代わり映えしないね」とお気付きになることがあります。

提供者側は意外と、商品・サービスを購入することで起きる顧客の変化に意識を払っていないのです。自分の商品・サービスの興味は高いのですが、顧客の特定の変化には興味が向いていないのです。顧客の全体像を大雑把に捉えているものの、特定場面の細部、特に感情を動かし選択する決め手となる変化には意識が向いていない方が多いです。

「それはマーケットリサーチすれば分かるでしょ」と言われる経営者や営業・マーケティング担当者がいますが、**リサーチでは捉えることができない場合がほとんど**です。

理由は、マーケットリサーチでは、調査する側が分かっていること、あるいは知りたいことに焦点を当てて調べます。分かっていないこと、知りたいと思わないことに焦点を当てることができません。自由記述欄を設ければある程度抽出できますが、リサーチ結果を読む側に特定場面の特定の変化を読み取ろうという意識がなければ引き出すことはできません。またリサーチを難しくしているのは、顧客が欲する「理想の未来」をうまく言葉として表せないことがあります。選んだ理由は、満足する場面ではなく、あなたが広告している宣伝文句として答えることが多いからです。

では、**どのようにして顧客の変化を見つけ出すか？**　次の節から一緒に見ていきましょう。

02 愛用客が何に満足しているか発掘する「8つの質問」！

愛用客が、あなたの商品・サービスを選んでいる場面や満足する状況を想像することから始めてみましょう。もし詳細が分かっていないことに気付いたら、まずは愛用客にこれから紹介する質問を行ってみましょう。

最初は、愛用客の中でも話やすい人から始めるのがよいでしょう。話やすい人から始めて、分かってきた場面・変化の情報をもとに、愛用客のなかでも無口な人にアプローチします。**無口な方でも愛用客である以上は、必ずあなたの商品・サービスのお気に入りのポイントがあります。**人に伝えたくない自分だけの満足感があります。でなければ、あなたの愛用客にはならないです。

最初に行うことは、簡単です。まずは**愛用客の名前を書き出します。**すぐに10人くらい挙げられますよね。最初に思い浮かぶ人はきっといつも話している人です。話やすい人が浮かんだら、次は無口な人を思い浮かべましょう。名前をすぐに思い出せなくても大丈夫。あなたと接する機会が多い人は愛用客であることが多いです。リストに加えていきましょう。

愛用客に聴くことは、**あなたの商品・サービスで気に入っている「場面」と、それによって得られる「変化」**です。

人には３つの存在、過去・現在・未来があります。まずは過去から聴いていきます。具体的には次の８つの質問になります。

あなたの未来を広げていく、末広がりの「八」。「８つの質問」が売上10倍価値作りの第一歩です。

①きっかけを尋ねる

過去にあなたの商品・サービスを選んだきっかけを尋ねます。場面を話しやすくする問いかけからスタートするのです。このきっかけの中に、２つ目以降の質問で尋ねる内容が出てくるときがあります。顧客に自由に話していただくことで、顧客が選んだ最も重要な点が最初の発言に出てくることが多いです。

セリフ「どうして私の商品・サービスを使おうと思ったのですか。最初のきっかけは何でしょうか」

②場面とその変化、満足した点を尋ねる…顔3、顔6（P45参照）

最も重要な質問です。使った場面とその時に起きた変化を尋ねます。その時の感情の変化を尋ねます。何が変わったかを聴き出すことが特に重要です。質問①で使った場面や不満足が出てきた場合には、その言葉を復唱しながら尋ねていきます。

セリフ「どんな場面で使われましたか。その場面でどんな変化や満足がありましたか。不満足が解消しましたか。そしてどんな気持ちでしたか」

③緊急性を尋ねる…顔3

買い求めた時の緊急性を尋ねます。

セリフ「緊急に必要になったのですか。ゆっくり考えて選ばれましたか」

④新しいものへの考え方を尋ねる…顔1

新しいものへの選択傾向を尋ねます。イノベーションの選択であるキャズム理論に基づいて、この顧客はどの層に当てはまっているかを尋ねます。

セリフ「このような商品・サービスは以前からよく使われていますか？　早く買うことが多いですか」

⑤得意分野か否かを尋ねる…顔2

得意分野か苦手分野かを尋ねます。得意・苦手ではなく、詳しいかどうかが顧客にとっては答えやすい場合があります。

セリフ「この商品・サービスについては詳しい方ですか。得意な方ですか」

⑥面倒を尋ねる…顔4

購入の面倒さや手間を尋ねます。

セリフ「選ぶ時に面倒だ、と思ったことはありますか。前にお使いのものと比べてどうですか」

⑦誰かの影響を尋ねる…顔6

誰かの影響によって購入動機が生まれたかを尋ねます。質問①のきっかけで出てくることがあります。

セリフ「どなたかのご紹介がありましたか。影響を受けた人やメディアはありましたか。その場合はどんな気持ちでしたか」

⑧影響力の発揮を尋ねる

影響力を発揮したがるタイプかどうかを尋ねます。また紹介する時のお気に入りのポイントを聴き出します。

セリフ「この商品・サービスを友人や知人にも紹介するとしたら、どのように紹介しますか」

実際に尋ねる現場では、次々に質問を投げかけると尋問形式になって顧客に嫌がられます。顧客に「いつもありがとうございます」と感謝の言葉を述べながら、自然に話を伺っていくと良いですね。顧客とあなたとのエピソードがあれば、そのエピソードをきっかけに話していくと話が弾みます。

一度にすべて聴こうと思わないことも大切です。顧客の話の流れに合わせて聴いていきましょう。愛用客なのであなたには協力的なはずです。

顧客に尋ねる8つの質問

8つの質問	セリフ	6つの顔の関連性
きっかけを尋ねる	「どうして私の商品・サービスを使おうと思ったのですか。最初のきっかけは何でしょうか」	
場面とその変化、満足した点を尋ねる	「どんな場面で使われましたか。その場面でどんな変化や満足がありましたか、不満が解消しましたか。そしてどんな気持ちでしたか」	顔3：重要性 顔6：不満足
緊急性を尋ねる	「緊急に必要になったのですか。ゆっくり考えて選ばれましたか」	顔3：緊急性
新しいものへの考え方を尋ねる	「このような商品・サービスは以前からよく使われていますか？　早く買うことが多いですか」	顔1：新しいもの
得意分野か否かを尋ねる	「この商品・サービスについては詳しい方ですか。得意な方ですか」	顔2：得意・不得意
面倒を尋ねる	「選ぶ時に面倒だと思ったことはありますか。前にお使いのものと比べてどうですか」	顔4：面倒さ
誰かの影響を尋ねる	「どなたかのご紹介がありましたか。影響を受けた人やメディアはありましたか。その場合はどんな気持ちでしたか」	顔6：影響者
影響力の発揮を尋ねる	「この商品・サービスを友人や知人にも紹介するとしたら、どのように紹介しますか」	

そしてあなたにとって、予想しない・思いがけない情報が得られたら、これはビッグチャンス。売上10倍のヒントです。

私の尊敬する米国の経営学者ピーター・ドラッカーは、著書『イノベーションと起業家精神』で、イノベーションが起きる機会を書いています。

その例の1つとして、**「予期せぬ成功と失敗を利用する」**を挙げています。

あなたが予想しない場面・思いがけない情報こそ、あなたの商品・サービスのイノベーションのヒントです。売上10倍のヒントになっていきます。

とはいえ、顧客への切り出し方に悩む方も多いと思います。

私がクライアントに対してコンサルティングを行う際は、次のような方法をとっています。

参考にしてみてください。

●インタビューを申し込む

とても親しい愛用客に「インタビューさせてください」と申し入れる方法です。愛用客にどんどんインタビューを申し込んで回答を集めています。

●記述式アンケートをとる

新しい発見を得るためには対話が1番です。チェック方式のアンケートでは新しい発見が難しくなります。顧客には手間がかかりますが、記述式でご記入いただきます。

●インセンティブを配布する

インタビューやアンケートのお礼として、愛用客に次回購入時のサービス券を謝礼としてお渡ししています。謝礼なしでも本音で話してくださる顧客はありがたいですが、できるだけ多くの顧客に聴く方法として行っています。

まずは愛用客に8つの質問を尋ね、明らかにしていきましょう！

03 愛用客ではない顧客の購買傾向を発掘せよ！

前節でご紹介した質問を愛用客に投げかけていくと、愛用客の回答の多くが、あなたが予想していたものである場合があります。もし、愛用客から得られる回答に目新しいものがなければ、あなたの商品・サービスは愛用客が選びやすいようになっている証拠です。

一方で、あなたの商品・サービスをたまに買い求める顧客がいます。愛用客のように印象に残っていないのであなたは気付いていないかもしれませんが、**その中に定期的に購入されている顧客**がいます。どれくらいの期間かは商品・サービスによってさまざまですが、半月〜1か月くらいでしょうか。商品の使用期間が長いものはその期間に依存します。

常連客・愛用客は、あなたの提供している他の商品・サービスも購入する可能性のある顧客でしょう。あなたのお店、あなたの存在、あなたのブランド自体が好きなのです。

たまに買い求める顧客は、偶然で買う顧客もいますが、あなたの商品・サービスを気に入って買っている可能性が高いです。商品・サービスがもたらす変化を気に入って買っているのです。

その中には、あなたが事前に想定している狙い通りの顧客層がいるでしょう。

一方で「自分の想定と少し違うぞ？　どうして購入したの？」という顧客が一定数います。「そんな顧客はいないよ」と思うあなたは、想定外の顧客をキャッチするアンテナが立っていないかもしれません。意識的に注目すれば、気付くことができます。

人は自分が肯定的なものや信じているものに関して、それを証明する肯定的情報だけを見て、反対となる否定的情報を見ようとはしません。これは行動経済学では**「確証バイアス」**といわれてます。あなたが「少し違うぞ？」と違和感を覚える顧客を探し始めると、その情報を集めやすくなっていきます。

「少し違うぞ？」と感じた顧客に聴く質問は、愛用客と同じ「8つの質問」。

大切なので繰り返しておきます。（P74参照）

①きっかけを尋ねる

②場面とその変化、満足した点を尋ねる：顔3、顔6

③緊急性を尋ねる：顔3
④新しいものへの考え方を尋ねる：顔1
⑤得意分野か否かを尋ねる：顔2
⑥面倒を尋ねる：顔4
⑦誰かの影響を尋ねる：顔6
⑧影響力の発揮を尋ねる

尋問ではなく、自然に聴いていくことが重要なことは変わらないです。「少し違うぞ?」の顧客ですと、8番目の質問の回答は少ないかもしれません。

「少し違うぞ?」顧客からの「8つの質問」の回答は、宝の山です。新しい発見・気付きがたくさんあります。

自分の商品・サービスばかりに注目していたため、今まで気にしていなかった点、気が付かなかった点が見つかるはずです。あなたの目の前にあるのに見ていなかったこと、予測と外れていること、統計用語では「ハズレ値」と思えるものが宝物の候補です。

あなたの商品・サービスを、どんな場面でどんな変化・満足を期待して使っているのか？　使った結果はどうだったのか？　素晴らしい情報がたくさん集まってきます。今まではゴミの情報、必要ない情報と無視していた、見向きもしなかったことに売上10倍の宝の山が集まっています。

04 ペルソナ・マーケティングだけでは不十分！

マーケティング業界では、商品・サービスの開発・販売の際に「ペルソナを描け！」と教えられます。

ペルソナとは、特定の顧客のこと。特定の顧客の具体的な姿を描くことでさまざまなメリットがあると教えられています。

ペルソナを作る要素として、次のようなことが一般的に挙げられています。

○氏名
○年齢
○性別
○学歴
○職業
○肩書き（社内での役職など）
○年収

○居住地（住んでいる場所、賃貸・持ち家など）
○家族構成（既婚・未婚、子どもの数や一緒に住んでいる家族の情報）
○趣味（複数でも可）
○日課にしてること
○利用しているSNS

ここまで人物像を描くと、よりリアルな人が思い浮かびます。どんな生活しているかが分かりやすくなります。

ペルソナのメリットは、次の通りです。

①顧客視点で考える精度を高めることができる
②社内でどのような人物を対象にするのか共有できる
③時間など効率的な商品・サービスの開発ができる

ペルソナでは特定顧客を描きます。その顧客に合わせて商品・サービスやメッセージを作ります。こんな生活しているので、「こんな商品・サービスを必要とするだろう」とイメージすることができ、そのイメージに合った商品・サービスができあがります。
ペルソナ通りの顧客があなたの商品・サービスを選び、あるいは営業パーソンや友人・知人からの紹介、ウェブ検索で選んで購入されています。
一方で、ペルソナ以外の顧客も買い求めています。

ペルソナ通りであってもペルソナ以外であっても、顧客にはあなたの商品・サービスを選んでいる理由や基準があります。
どんな場面で、どんな変化や満足が欲しくて購入したのでしょう。ペルソナ通りと、ペルソナ以外では場面と満足感は変わるのでしょうか？　共通点はあるのでしょうか？

ペルソナにはひとつ欠点があります。それはペルソナ・マーケティングは事前に顧客を設定し、その顧客が望むものは何かを考えていくことです。

「コンサル脳」をつくり、売上を10倍にする価値のつくり方は、リアルに顧客が使った場面と、その使ってみた変化・満足を捉えています。ペルソナは必要条件で、あくまでも仮説にすぎません。一般的にペルソナは見直しが必要と言われています。

一方、本書の5章で詳しく解説する「価値ストーリー」は、仮説ではなく、リアルの事実です。「価値ストーリー」は、ペルソナにぴったりの顧客もペルソナ以外の顧客も含めたリアルの使用場面と変化・満足を捉えています。

私の尊敬するピーター・ドラッカーは、著書『現代の経営』で、次の項目に照らし合わせて、自らの商品とサービスを顧客の欲求を分析する必要がある、と述べています。

○何が自らの市場であるか
○誰が顧客であるか
○どこに顧客はいるか
○何を顧客が買うか
○何を顧客は価値と見るか
○顧客の満たされていない欲求は何か

「価値ストーリー」は、市場のリアルを捉えます。顧客が買ったものの価値、満たされていない欲求にも焦点を当てる手法です。買ってくれた顧客は誰かが分かります。仮説の顧客ではな

く、**リアルの顧客が求めている変化・満足、あなたの商品・サービスの価値を集め分析**していく方法です。

またドラッカーは「企業の目的は顧客の創造である」と述べています。「顧客の創造」とは何か？　私はライフワークとして考えてきました。私が得た結論のひとつを紹介します。

商品・サービスを使って得られる変化・満足の価値に気が付いている顧客と気が付いていない顧客がいる。圧倒的に気が付いていない顧客が多いです。この**気が付いてない人が、商品・サービスを使って得られる変化・満足に気が付くようにすること**、これが顧客の創造だと私は考えています。

さらにドラッカーは「顧客の創造にはマーケティングとイノベーションが必要で、この2つが成果をもたらす」と述べています。

すでに特定の人が知っている変化・満足はその人たちにとってはイノベーションでありませんが、全く知らない・必要と思っていない人たちにとってはイノベーションです。

そしてイノベーションとなる価値を、全く知らない人たちにとって分かりやすいように伝えていくことがマーケティングです。

「価値ストーリー」は、ドラッカーが強調している「顧客の創造」「顧客がみる価値・満足」の双方を満たしています。

顧客のペルソナを考えてきたあなたも、「価値ストーリー」を学ぶことで「コンサル脳」を鍛え、売上を達成する価値づくりができるのです。

05 ブルーオーシャンをいくつもつくり出せ！

今まで多くの日本企業は、次のような観点から商品・サービスを開発して販売してきました。

○市場にはこのような商品・サービスが売れている
○顧客は売れている商品・サービスをさらに求めている
○市場に乗り遅れず、できるだけ早く少しだけ変えた商品を出そう
○多くの顧客がいる大きな市場に向けて、独自の機能や品質などを付け加えれば売れる

大きな市場があるところを狙う。

正しいですが、見方を変えると競争の激しい世界、レッドオーシャンに突入していきます。レッドオーシャンでは、企業規模や価格、広告の量、使える予算が競争優位性を生みます。対象市場が地域限定の業態の場合は、地域で3番手までは十分な売上が得られる場合もあります。

しかしながらレッドオーシャンで勝ち抜き、勝ち続けることは容易なことではありません。**競**

争が激しい大きな市場、獲りたい市場の中で、あなたの商品・サービスが選ばれ続ける価値が必要になってきます。

その価値は「8つの質問」の最初の2つに答えがあります。**（P75参照）**

①きっかけを尋ねる

②満足した点を尋ねる

この答えと、回答した顧客を分類して整理していくことで、顧客がその商品・サービスにどう満足したかが分かります。ドラッカーがいう「誰が顧客か」「その顧客にとっての価値・満足は何か」が明確になるのです。

私が製薬会社で糖尿病治療薬のマーケティング部門トップになった時の話です。欧米で爆発的に売れている治療薬がありましたが日本の売上はさっぱり。欧米の売上に比べて日本はわずか60分の1、つまり2%未満なのです。日本は何やってるんだ！　と経営陣から日々叱られ、中期目標と実行プランを直ちに作り直せ！　と指示が出ました。

当時の糖尿病治療薬は糖尿病専門医に高く評価され使用されることが最も重要と考えられていました。

　しかし私の担当薬剤は副反応としてむくみ（浮腫）が出て体重が増える方がいます。むくみが増えると心臓に負担がかかり、心不全の恐れが高まります。糖尿病専門医は患者さんに体重を増やさないように日々指導していますので体重が増えるお薬は好きでありません。またむく

糖尿病専門医

・血糖下がるのに時間がかかる
・むくみが出ると使いにくい
・今の薬と併用しにくい

循環器専門医

・血糖は穏やかに下げて安心
・動脈硬化の進展抑制に期待
・むくみは気にしない

【旧来型の価値基準の競争】		【新しい価値基準の選択拡大】
迅速な血糖値の低下	顧客の期待	穏やかな血糖の低下 動脈硬化への好影響
できるだけ血糖値を 低く抑える (低血糖は恐くない)	顧客の価値	心臓疾患への好影響 心臓疾患を発症・再発させない (むくみは恐くない)
体重増加 むくみ、 心臓への悪影響	顧客の恐れ	低血糖
全体の 1/4 150 万人	市場の大きさ	全体の 3/4 450 万人の約 40%=180 万人
レッドオーシャン、 使い慣れた インスリン分泌薬と インスリン注射中心	競争環境	ブルーオーシャン、 インスリン分泌薬は あまり使わない、 糖の吸収抑制薬中心

みから起きる可能性のある心不全は自分の専門ではないので不安や恐れを強く感じます。

また効果面ではインスリンという血糖値を下げるホルモンを膵臓から出させるタイプの飲み薬が主流で、薬を飲むとすぐに血糖値が下がりました。担当薬は、インスリンの身体での効きを良くして血糖値を下げる仕組みで、効果発現は穏やかでした。

効果では時間がかかり、副作用ではむくみで体重の増加が起こり心不全状態への恐れがある、良く使う注射薬とは一緒に使いにくい。糖尿病専門医の評価は高くありませんでした。糖尿病専門医の評価が変わるのを待っていては売上の伸びに時間がかかり、限界があると感じていました。

そこで糖尿病患者（当時は約600万人）の受診状況をよく調べると、そのうち糖尿病専門医が診療しているのは150万人。全体の4分の1にすぎません。残りの4分の3、450万人は誰が診療しているのかと疑問が湧きました。

糖尿病が発症する要因でもあり、糖尿病患者が合併している病気は高血圧と高脂血症。3つ合わせてメタボリックシンドロームです。その中で最も多い高血圧患者は2000万人で糖尿病の3倍以上です。

高血圧と高脂血症を診療している医師は主に循環器内科医です。循環器内科医は効果面では血糖値を穏やかに下げること、そして心臓疾患の発症を抑えることを重視し、副作用面では低血糖を恐れていました。

同じ糖尿病という病気ですが、**顧客（医師の専門性）によって「期待」と「恐れ」が違うのです。望む変化の基準が異なります。避けたい変化の基準が異なります。**

糖尿病専門医は血糖値を早く下げる効果を重視し、むくみを恐れます。循環器専門医は血糖値の急な低下からの副作用となる低血糖を恐れ、効果面では心臓疾患の発症や再発防止を重視します。糖尿病専門医が恐れる変化、むくみから心不全になる恐れは、循環器専門医にとっては得意な分野でコントロール可能と感じ、恐れではありません。

幸いなことに担当薬は、動脈硬化の抑制防止の研究が多く行われ、学会や論文で発表されていました。また心筋梗塞や脳梗塞などの心血管障害の抑制効果の大規模な臨床研究を実施している最中でした。

そこで糖尿病専門医への活動を継続しながら、循環器専門医の診療する糖尿病治療への活動を会社全体の重要活動として加えました。その結果、循環器専門医に多く使用いただき、循環器専門医が好んで使いこなせる薬として売上が爆発的に増えていきました。

糖尿病患者の市場は、糖尿病専門医以外に4分の3ありました。しかし糖尿病治療薬は糖尿病専門医の評価・使用が1番重要と考え活動していたため、糖尿病専門医以外の市場にアプローチできていなかったのです。言い換えれば、見えていない市場です。

循環器専門医には、糖尿病専門医の恐れは対処可能であり、動脈硬化性疾患の進展抑制の可能性が商品の新たな高い価値となりました。見えていない「価値」でした。糖尿病専門医の評価基準、価値基準だけ見ていては、循環器専門医の異なる評価基準、価値基準に気付くことはできませんでした。

同じことを解決するひとつの手段、この事例では糖尿病患者の血糖値を下げる薬ですが、顧客の専門性（得意・不得意）、顧客が重要視しているお困りごとの違いによって、薬の価値の判断基準が異なっていたのです。糖尿病専門医の市場はレッドオーシャンで低評価でしたが、循環器専門医の糖尿病治療薬の市場はブルーオーシャンを生み出し、とても役立つという位置付けを獲得できたのです。同じような分析により、循環器専門医に加えて脳血管疾患をみる神経内科の医師、消化器で脂肪肝を見ている医師の診療する糖尿病治療の評価基準が私の担当しているお薬とマッチしていることが分かりました。ブルーオーシャンが複数出てきました。

あなたの商品・サービスにもブルーオーシャンは必ずあります。

ブルーオーシャンを1つではなく、複数作っていきましょう。

06 過去・現在・未来の場面を発掘せよ！

人に誰にでも存在するのが、過去・現在・未来であることは先に説明した通りです。

しかし、本章・2節で紹介した「8つの質問」を顧客に試みてみると、**買い求める顧客は、「今ここ」の現在に必要なものを探し、必要なものをあなたに話します。**買い求めるものが明確な多くの顧客は「○○が欲しいのです」と今必要としているものをあなたに教えてくれます。

過去の状態に合わせて、今欲しい経緯や理由を話される顧客もいます。このような顧客の欲求（ニーズ）を把握することは簡単です。

「コンサル脳」を鍛えるために重要な要素である、過去・現在・未来の「場面」を探るには、2つの発掘方法があります。

1．ニーズを話してくれる顧客の発掘方法

2．ニーズを話してくれない顧客の発掘方法

1つ目のニーズを話してくれる顧客が競合からあなたの商品を選んでくれる場面を発掘することから考えていきましょう。

この人たちは自らニーズを話すので比較的すぐに買い求める傾向にありますが、買う前に競合と比較する可能性が高いです。夏に冷蔵庫が壊れ、数時間以内に家に設置して欲しいと思う場面であってもウェブや店頭で自宅のスペースにあうサイズと機能や、商品の評判を確かめます。

冷蔵庫にはさまざまな機能が備えられています。生活必需品のため、自分の生活スタイルに合うものが顧客にとって欲しいものです。そして家族構成や生活スタイルは前の商品を買った時とは確実に違います。白物家電は10年で壊れるとも言われています。10年経つと家族の生活スタイルは確実に変化しています。

しかし顧客は、自分の所有していた物と別の商品を比較をすることが容易なため、現在持っている10年前の商品と比較しようとします。すると、現在の商品はどれも似たり寄ったりに思えたり、あまり細かい機能を知っても役に立つのかどうかを想像できない場合が多いです。

私が冷蔵庫の優秀な販売員だったら行う質問は、次の通りです。

○今の商品を買われたときの家族構成や生活スタイルはどうでしたか？
○今現在の家族構成は？　ライフスタイルは？　どこが変わりました？

○今の冷蔵庫で満足されている点はどこですか？
○不便に感じている点はどこですか？
○こんなものがあったらいいと思っていることはありますか？

この質問はニーズを話してくれない顧客の発掘方法にも役立ちます。ニーズを分かっていない・気付いてない顧客も自分に関する具体的なことは答えることができます。

顧客は今ここで必要なことを最初に話しますが、過去から丁寧に尋ねていきます。過去から尋ねていくことでより場面を描きやすくなるのです。

満足している点を尋ねると、不満にも気付きやすくなります。顧客によっては不満から先に話す人がいます。その場合は不満をしっかり聴いた後で満足している点を聴きます。

商品を選ぶうえで**「場面」を聴くことは、顧客が商品を選ぶ「基準」を整理し聴いていく**ことになります。

過去から現在の場面を聴くことで購入する「基準」を発見することができます。あなたの商品・サービスが「場面」と「基準」を満たしていれば、購入のクロージングを進めたいところです。

しかし営業現場で忘れがちなことは、顧客がその商品・サービスを購入することによって得られる未来を想像し、未来に起こしたい変化・満足を知ること、聴き出すことなのです。

実際は現在だけを考え、未来を描いてない顧客が多いです。未来を描き、未来の満足が得られる商品・サービスを選ぶことができたら、顧客にとっても幸せと感じます。

もちろんそこで描くのは、今のあなたの商品・サービスで実現できる未来です。もし顧客の望む未来が実現できないならば、直ちに商品・サービスの改良を行なった方が良いでしょう。商品・サービス提供者側は、非常に良い未来・とてつもない未来・起こり得ないような未来まで考えて機能を盛り込む事例が日本では特に多いのですが、実際に起こりうる小さな場面、顧客が想像できるレベルの未来で十分です。「確実に起こる」レベルの未来で十分です。

たとえば冷凍室が大きいのが売りの冷蔵庫の場合、「作り置きが必要な場面が出てきますか？」「1週間分の買い出しなどを行う場面はありますか？」とその冷蔵庫の特徴が活きる場面を顧客に投げかけます。また新鮮な野菜を長期間保存できる機能が売りの場合は「青物野菜を1週間買い置きして台無しにした経験はありませんか？」と過去を聴き、「青物野菜がフレッシュな状態で食べる場面は1週間でどのくらいありますか？　毎日買い求めた方が良いことはまちがいないですが、4、5日前に買った野菜が新鮮だとすると嬉しいでしょうか?」と未来の場面を合わせて聴いていきます。

誰にでもある過去・現在・未来は、ひとつの商品・サービスの選択に必ず存在し、その体験場面が人の選択の基準になることが多いのです。使っていない・使ったことがないという過去の場合では、使っていないことから必要ないと判断する場合と、ぜひ必要という判断に分かれます。過去の場面だけでは必要性が見えていませんが、未来を描くことで必要なことを気付かせることができます。

顧客一人ひとり、違った過去・現在・未来があります。営業が聴き出すことで過去・現在・未来の場面から、あなたの商品・サービスが選ばれる基準を見つけ出すことができるのです。

一人ひとり違うのですが、人の選択基準はいくつかの分類に集約することが可能です。この集約された基準が、「コンサル脳」を鍛え、売上を10倍にするカギとなります。

07 重要・緊急となる場面を発掘せよ！

顧客もあなたも、重要ではない・緊急ではないことには見向きもしません。

著名な書籍『7つの習慣』でも紹介されていますが、物事を重要と緊急の2つの軸で4つに分類し、人は重要で緊急なことにはすぐ取り組む一方で、重要であって緊急でないことは放置しがちです。たとえば健康に関する食事や運動習慣が該当します。

一方、重要ではないが緊急なことはすぐに取り組みます。さらに重要でも緊急でもないことで時間を浪費することが多い場合があります。ダラダラとテレビを見続けていることなど誰にもありますね。

重要でも緊急でもないにも関わらずあなたの商品・サービスを買い続ける顧客は、選択肢が極めて限られている場合を除くと、まれです。現代ではサブスクリプションのサービスが広まり、重要でも緊急でもないことでも続けているサービスがたくさん存在しています。探してみると使っていないものに毎月お金を支払っているサービスがきっとあります。**最初は重要か緊急のどちらかだったものが、時が経つにつれ重要でも緊急でもなくなってきます。**知恵のある人に騙されてお金を払っている気がする人もいますね。

あなたの商品・サービスを重要でも緊急でもないと感じていて見向きもしなかった顧客が急に買い求めにきます。顧客の緊急性や重要性はつかめていないため、あなたからしてみると急に買われたと感じます。

○どうして重要になったのだろう?
○どうして緊急になったのだろう?
○どうして緊急かつ重要になったのだろう?

このような疑問が湧いたとき、あなたが聴くことは次の通りです。

●どんな場面で使うのですか?
●その場面でどんな変化・満足を得たいのですか?

「場面」は事実として存在します。未来であっても事実として実現したいことを思い浮かべているので、誰でも答えることができます。

しかし、顧客に対してダイレクトに、「その場面にその商品・サービスは重要ですか？」「緊急ですか？」と尋ねると「それほどでもない」と答える場合が少なからずあります。

そこであなたがすべきなのは、**重要や緊急と感じる場面ではどんなことが起きていますか？**と聴いていくことです。

顧客は「使う」「使いたい」という場面は答えることができます。

売上10倍のために、顧客が重要、緊急と感じる場面を顧客にイメージさせることができるようになりましょう。

08　新しさをつくり出そう！

人は、新しいものを買いたいと思います。古いものに価値を感じて買う人も、もちろんいますが、多くの人は新しいものを選ぶ傾向にあります。

あなたの商品・サービスが新しい！　と感じてもらうためには、8つの質問の中から次の3つを聴いていきます。（P76参照）

④新しいものへの考え方を尋ねる：顔1
⑤得意分野か否かを尋ねる：顔2
⑦誰かの影響を尋ねる：顔6

購入した顧客にとって「あなたの商品・サービスのどこが新しかったのだろう？」という疑問の答えを教えてくれる質問です。

質問④「新しいものへの考え方を尋ねる」は、キャズム分類では、ここが新しい、この実用性が良い。また保守的な人が、さほど新しくはないが、この点がいいと言う表現が出てきます。

質問⑤「得意分野か否かを尋ねる」と、得意と思っている人が新しく感じる場面、苦手な方が安心を感じる場面を聴くことができます。

質問⑦「誰かの影響を尋ねる」と、紹介した人が使った「新しいと感じる場面」を聴くことができます。顧客により異なる表現が出てきますが、それはすべてその人にとっての新しさです。効果面だけでなく、安心という場面にも新しさがあります。

3つの質問の回答には、必ず続けて「どんな場面でそう感じましたか？」と聴きましょう。ついで「満足した場面、今までと違った（変化があった）場面はどこですか？」と尋ねていくと顧客の違いによって、どんな感じ方があるかが、あなたに手にとるように分かってきます。

09 顧客が求める場面は楽しみながらイメージしよう!

「第３章　商品・サービスの価値を10倍にせよ!」では、顧客が商品・サービスを使用しているさまざまな場面を描くことを紹介してきました。

場面を描くとき、私のコンサルティングでは複数の営業パーソンの方を集め、経験を話していただきます。

１人がひとつの場面を発言すると、私がもっと教えてと深掘りしていきます。深掘りによって具体的な場面が明らかになってきます。そして１人の答えが他の方の体験・記憶を呼び起こします。「私にも同じ経験があります」、「同じだけどちょっと違うところがあります」、「同じような背景の顧客ですが違う基準でしたよ」などの場面がどんどん出てきます。

コンサルタントの私は話をうかがいながら、いいね、いいねと場を盛り上げていきます。楽しさを演出していきます。

「ちょっとニッチすぎるけど大丈夫ですか？」という質問が必ず出てきますが、「ニッチが大切なんですよ！」とお話しして発言を促します。本当にニッチと感じる場面もありますが、他の参加者が私にもあると発言されるとニッチではなくなります。共通の体験になります。

１人で眉間にしわを寄せて考えても数は思い出せません。リーダーが「場面を出せ！」と追求的に問いかけるとプレッシャーになり出てきません。**参加者が「何を言ってもいい」と安心し、全員がポジティブな気持ちになることが重要です。**この場面を出すワークの発見で、参加した営業パーソンは早くこの場面・基準を使いたい、と思っています。

営業パーソンが使いたい場面・基準こそ、売上10倍のカギです。

場面を出すワークの次は、次の第４章「商品・サービスの価値を高めよう！」で最初に紹介する自社の商品・サービスの分解評価です。

コラム3　妊婦さんも愛用？　ワークマンの嬉しい誤算

ワークマンという会社を聞いたことがありますか。

会社名のとおり、男性が専門的な職場、どちらかというとブルーカラーの男性が仕事で使う専用の衣料や靴などを扱う会社。お洒落さではなく、圧倒的な機能の強さ・快適さ、そして必要なものはすべて扱うという品揃えの多さを持ち、かつ安価で提供する会社です。都心部に店はほとんどなく地方や郊外に店舗を構え、黄色と黒のツートンカラーで、道路工事や建築工事のカラーがブランドカラーになっています。専門職の人たちから長年愛されている会社です。専門職が愛用する品々は、専門職にだけ素晴らしさが分かっています。その素晴らしい商品を、今、専門職以外の人が使い始めています。

たとえば酷い風雨の中でも快適に仕事ができるレインコート。大雨の中でも道路工事のために車の誘導をしている人が来ているようなレインコートです。これをバイク好きの人が使い出しました。ある日、ワークマンの店舗にバイクが10台以上やってきて、全員がレインコートを買い求めました。何か妙な現象ですよね。どんな風雨でも快適なレインコートにはバイク好きが求める場面があります。

次は料理人ご愛用の調理場の滑らない靴。ある日妊婦さんがやってきて買い求めました。なぜ妊婦さん？　と感じますね。妊婦さんが恐れるのは雨の日の外出で転倒すること。水や油などでベタベタの調理場でも滑らない靴に転倒の恐れはありません。お洒落さより転ばないことが大切です。デザインよりも滑らない機能が欲しい。滑って転倒したら困る場面が妊婦さんには確実にあります。

ワークマンも最初は、顧客が勝手に使う場面を見つけ、勝手に売れていたという状態でした。しかし**「予想外の顧客が求める場面」に気付いてからの取り組みがワークマンの売上を伸ばすきっかけになりました。**詳しくは2020年6月に発売された書籍『ワークマンは商品を変えずに売り方を変えただけでなぜ2倍売れたのか』(日経BP社)に書かれています。

少し紹介します。新規使用場面での愛用顧客の意見を取り入れ商品開発を行なっています。またひとつの店舗で時間帯を変えて従来の愛用顧客と新規の顧客向けの陳列や照明を変えるという斬新な取り組みを行なっています。新しい顧客向けの店舗を作り、仮説検証しながら成功した事例の店舗の出店を加速しています。新しい店舗はワークマンプラスという名前です。
また新しい使用場面をインフルエンサーからSNSで発信。特に女性の発信力、共感力を活用します。女性は全く新しい顧客層で売上拡大余地は爆発的に残されています。そして2020年秋、東京ガールズコレクションという最新のファッションを紹介するイベントに初出演。テレビや新聞、SNSでも取り上げられ、「#ワークマン女子」のInstagram投稿件数は3万件を超えています。入荷後には即完売という商品も数多く出ています。

ちょっと変わった場面。バイク好き、妊婦。ワークマンの従来の考え方ですと、見向きもしない顧客。何も意識しなければ、従来の専門職の人が休日に買い求めにきた、忙しいご主人に変わって妊婦さんが買いに来た、くらいにしか思わないかもしれません。妊婦さんは自分の足にあう靴を買うので何かおかしいと気付くはずですが、意識が向かないと注目せず売上拡大のチャンスとは思わないのです。

場面には顧客の求める変化があり、不足があります。満足を求めている場面こそが求めている基準なのです。価値は場面に隠されています。場面に表れています。**「場面を発掘していく！」**という、このプロセス・ワークに取り組んでみてください。

第４章

商品・サービスの価値と場面を合わせよう！

01　分解したオンリーワンを見つける！

第3章では顧客が必要な変化に気付く、不満足に気付き、満足を求める場面を解説してきました。第4章からはいよいよ**場面を整理して価値をつくり出すプロセスを見ていきましょう。**

本題に入る前にあなたの商品・サービスの機能や特徴を分解し評価してみましょう。**提供者側の視点に顧客の視点を加えて、オンリーワンのタネを見つけていく**のです。

薬の事例で紹介します。薬の評価は、効果と安全性によって測られます。効果といっても曖昧ですね。効果が高いとだけ言われても、それで選んでいいか分かりません。それにもかかわらず営業パーソンは競合商品と比べて単に効果が高いと話します。これでは顧客である医師の心を動かしません。

薬は効果のある病気は決まっていて、効果が競合薬に比べて高いと言われても、曖昧です。目の前のどんな患者さんに使ったらいいのか、分からないと医師は感じてしまいます。

一般の商品・サービスでいうと、これまで繰り返し紹介している、**自分に役立つオンリーワンの場面が分からない**ことと同じです。

●効果発現の速さ

薬を飲んだらいつ効果が現れるかです。１時間後、６時間後、12時間後などの違いです。比較試験のデータでは効果が安定する８週後を示していることがあります。医師は効果発現までの時間という速さを知りたいのに、営業パーソンは８週後のデータを話しているギャップが生じてしまいます。

●有効率

有効率とは効果の発現する人の割合を示します。80％の人に有効な薬と、50％の薬なら大きな差があると感じます。一方75％だと違いがないと感じます。

●量の変化の大きさ

たとえばコレステロールの値を50下げるか100下げるかという低下量の違いです。量が量《はか》れない場合は、たとえば強い痛みが取れる場合は強い薬、弱い痛みのみに効く場合は弱い、あるいはマイルドな薬と言われます。

●効果の持続期間

2－3時間で効果が消失するものもあれば、24時間、さらに48時間効果が持続し、今は週に1回飲めば良い薬も出ています。

●安全性とのバランス

一般的に、薬の効果が強いと副作用も強くなると思われています。効果と安全性のバランスも必要です。高齢者ではどうか、子どもではどうか、また腎臓や肝臓の病気、高血圧や糖尿病を合併しているとどうかなど、薬そのものだけではなく、薬と患者の相性にも目を向ける必要があります。

効果にはさまざまな側面があるのですが、営業パーソンは自社商品の良い部分だけを話したがる傾向があります。単に他社の商品よりも効果が高いと営業に言われても、医師からしてみれば、セールスパーソンの話は具体性が欠けていてると感じてしまい、使いたい気持ちはなりません。医師たちは一人ひとりの患者さんを見て、最善の治療は何かを考えています。医師の考え方にマッチする情報を求めています。抽象的な効果と安全性を紹介するだけでは、その薬を選択する決め手にはなりません。

あなたの商品・サービスでも考えてみましょう。

○ 機能が高いとは分解すると何を意味しているのか？
○ サービスが良いとは分解すると何が良いのか？
○ 接客が良いとは分解すると何が良いのか？

まずは、あなたの業界で一般的に表現されている言葉で書き出してみましょう。

●効果発現の速さ

携帯電話や Wi-Fi に置き換えると、これは通信速度が当てはまります。

ウェブ上には各社の通信速度を比較しているサイトがありますね。

料理では、おいしい料理は、ひと口目からおいしいと感じます。衣料では、汗をかいた後の乾きの早さを実感できます。

●有効率

携帯電話やWi-Fiでは人口カバー率が該当します。また混み合っていると接続しにくくなるので、基地局の数と、基地局あたりの実際の時間帯別の使用者数が該当します。

料理では、実際においしく感じる人の割合です。料理の好みは人によって異なりますので、多くの人がおいしいと感じる割合です。

●量の変化の大きさ

携帯電話では、カメラの機能、たとえば動画の手振れ防止機能が該当します。

私が購入した調理家電では、一度に作れる分量や、自動で作れるメニューの数でした。

●効果の持続期間

携帯電話やWi-Fiでは電源の持続時間です。ハイスピードで繋がり続ける時間もポイントです。

●安全性とのバランス

携帯電話や Wi-Fi に置き換えると、サポート体制がいかに充実しているかです。飲食店で考えると食べログなどの評価点が顧客の判断基準になります。

このように、効果という大雑把な内容ではなく、具体的にどんどんブレインストーミングで出していきます。

自分の商品・サービスを見つめ直して、どんどん分解していきます。論理的な考えで使われるMECE（Mutually Exclusive, Collectively Exhaustive の略、「ミーシー」と読みます）。「モレなく、ダブりなく」は気にせず、どんどん分解していきましょう。

02 顧客が分かる言葉を使う！

提供者側の視点から分解した項目が出尽くしたら、２つ目のステップに入ります。

提供者の視点から出した言葉はあなたが分かる言葉、業界の人間なら分かる言葉です。

一方、その商品・サービスを購入する顧客にとって、分かる言葉もあれば何のことか全く見当がつかない言葉もあります。知りたいこともあれば、全く知りたくないこともあります。

そこで、前節の提供者側視点で出した言葉を、顧客視点の言葉に置き換えてみましょう。

次の言葉を自分自身に問いかけてみてください。

・その言葉を顧客が聞いたとき、顧客は理解できるか
・顧客が理解できない言葉だとしたら何と表現するか、どう言い換えるか

今まで洗い出した項目は残し、顧客視点からの言葉に言い換えていきます。顧客視点の表現をどんどん書き出します。どんな言葉でも構いません。

たとえば衣料では「肌触りがいい」「洗濯が簡単」「アイロンが必要ない」などが顧客の言葉です。

家電量販店の商品の機能比較では、洗濯機や炊飯器の機能の違いを一覧にして示しています。販売会社の枠を超えた比較です。しかし、この一覧をみて自分にとってどんなメリットがあるか分かるでしょうか。**比較している機能は何の役に立つだろうかと考えてみましょう。**

私は2021年春に電気調理器を買いました。さまざまな機能がありましたが、家族構成と、仕事の合間に調理完了させたいというライフスタイルにあったものが欲しかったのです。メーカーの比較表からは分からず、日曜日に家電量販店に行ったときに、ちょうどメーカーの営業担当者がその場にいました。使いたい場面を話して相談したところ、ピンポイントの答えが返ってきて、その担当者から購入しました。

顧客側の視点に立脚し、顧客が理解できる言葉から、使いたい場面を考えることが重要なのです。

顧客が理解できる言葉を使い、その場面をつかむことは、顧客を置き去りにした提案を防ぐことにも繋がります。現場で顧客と接している営業パーソンを巻き込んで顧客視点からの言葉・アイデアを出し合いましょう。

03 評価マトリックスを作り点数を付けよう！

提供者側視点から見た項目、顧客の言葉に置き換えた項目が出揃いました。

次はこれらの項目に対して、あなたの商品・サービスと、競合や既存の商品・サービスとの比較表を作っていきます。全く新しい新商品、新規サービスの場合であっても、顧客は一部が共通した既存の商品・サービスを使っています。

縦軸に競合または既存の商品・サービス名を記載していきます。（P126参照）一般的に人間が最大限で検討できる数が9個までと言われているので、あまり増やし過ぎず、7個程度が望ましいです。

縦軸に既存の商品・サービス名が出し終わったら、横軸に移ります。

横軸は、前節で洗い出した、提供者側の視点から見た項目、顧客の言葉に置き換えた項目を書き出します。

縦軸と横軸を線で結ぶと大きな表、マトリックス（matrix）ができ上がります。マトリックスには「物を生み出す母体・基盤」という意味があり、これからあなたの商品・サービスの価値を生み出す基盤の表を完成させていきます。

縦軸と横軸の表を、価値を生み出すマトリックスへと変えていきます。**やり方は「点数をつける」だけです。**一つひとつの横軸の項目に対して、縦の軸の競合・既存サービスの評価を行い、点数づけを行います。

点数付けを行っていく中で、新たな横軸の項目が見つかったら追加して構いません。しかしここでの重要なポイントが３つあります。

①横軸の項目はひとつずつ付ける（他の項目の影響を受けない）
②顧客視点で付ける
③冷静に考えて付ける

ひとつずつ、ポイントを紹介していきます。

横軸の項目をひとつずつ考えるのはなぜでしょうか。

どんな商品・サービスでも、優れている点と劣っている点が必ずあります。自社の商品・サービスをよく見せたいので、総合的には自社が良いと判断する傾向・バイアスが人には必ず発生します。このバイアスを避けるため、1つの項目ずつ考えるのです。

次に2つ目のポイントです。顧客視点で付ける理由は、提供者側の視点で考えてしまうと、顧客にとっての商品・サービスの良さが分からない、顧客にとってのメリットが考慮されない、ということが発生します。顧客だったらどう評価するか、考えて付けます。

最後のポイントは、冷静に点数を付けることです。ただでさえ、自社の商品・サービスは、自分が思っているよりもひいき目に見てしまいます。これは悪いことではなく、自社の商品・サービスにはあなたの愛情の表れといえます。

しかし、くどいですが、商品・サービスを選ぶのはあなたではありません。今はあなたの商品・サービスが素晴らしいことを知らない人が選ぶのです。そこで、冷静さが求められます。

特に注意が必要なのは、自分の商品・サービスについて低い評価が続くときです。イライラしたり、こんなはずじゃなかったという感情が出てきて、次は自分の商品・サービスに高い評価を付けたいと思います。

点数は、3点満点で付けます。3が1番優れています。全くダメという評価を入れたくなれば0を入れることもあるでしょう。評価を細かくつけたい場合は5段階で行うとよいでしょう。

3段階は「優れる、同等、劣る」。5段階では「優れる、やや優れる、同等、やや劣る、劣る」とします。「非常に優れる、優れる、同等、劣る、非常に劣る」の5段階としてもよいです。

そして点数が付いたら、各点数の表に色を付けます。優れている3点の項目を、あなたの会社や商品・サービスのブランドカラー、1点を競合のブランドカラーで付けると分かりやすいです。

信号機のように「青は進めで3点、赤は止まれで1点、黄色が2点」と色分けしていく方法をとる場合もあります。

色分けすると一目瞭然。あなたの商品・サービスと、既存や競合の商品・サービスとの違いがはっきり分かります。

04 高評価点数の組み合わせから場面をつくれ！

第３章でさまざまな場面を発掘してきました。もう場面は出尽くしたとあなたは思っていたでしょう。しかし、前節の点数付けを行っていくと、新しい場面が思い浮かんできます。

マーケティング部門では商品・サービスの比較分析は一般的な分析法です。優劣を付けるために行います。また商品開発を行うために分析します。ブルーオーシャンを作るために機能分析を行います。

これは、あくまで自社視点で行っています。自社のここが優れるから、これを推していこう。キーメッセージにしよう。ここが足りないからカバーする商品・サービスをつくろう。競合に対しこの点は追いつき、違う点で付加価値を高めよう。

睡眠障害治療薬の価値評価分析　　3点満点：3-2-1の3段階

	効果：睡眠の質	効果：寝つきの速さ	価格（患者負担）	眠気が朝に残る	ふらつき	薬への長期依存	薬をやめた時の反動	合併症への影響
A	1	2	3	3	3	3	3	3
B	3	2	2	1	3	3	3	3
C	2	2	2	1	3	3	3	3
D	2	3	1	3	3	3	3	2
E	2	3	3	1	1	1	1	1

例として示したものであり、必ずしも正しいものではありません

誰もがやる手法です。

本書が提案するこの手法は、この点数付けを行った比較表を、顧客が使う・顧客が選ぶ場面作りとして用いることです。もし、この本を読んだあなたが、このマトリックスを実務に応用することができれば、営業成績において他社や他のメンバーと大きな差をつけることができるでしょう。

それでは、点数付けのマトリックスを眺め、新たな場面がないか、もう一度考えてみましょう。ここで出てきた場面は、顧客も気付いていない場面です。もし顧客が気付いている場合は、あなたに話していない、顧客が自分１人で喜んでいる場面です。あるいは、他の人には教えたくないと、宝物にしている場面かもしれません。

05 条件に分け、オンリーワンのもとを作る!

第3章で発掘したさまざまな場面をここで整理していきます。ここからあなたのオンリーワンが見つかるでしょう

ここまでで発見できた場面を、箇条書きや一覧にする。それだけでも十分と感じられていることでしょう。確かにここまでご紹介してきた方法で新しい発見があれば、それは素晴らしいことです。

一方で、まだ納得いくものが見つかっていない、新しい発見が少ない、他にも何かあるのではない、と感じている人もいるかと思います。これから紹介する方法を実践すれば、きっと自分のオンリーワンが発見できるでしょう。

そのやり方は、次の4つのステップです。

①出揃った場面を一覧で眺める

②類似している条件を見つける
③条件の仕分けを行い、マトリックス表を作る
④自社の商品・サービスの優れている場面に自社のカラーで色付けする（競合の優れている場面を競合のカラーで色付けする）

類似している条件とは何でしょうか？

これはペルソナに似ています。たとえば、顧客の年齢。統計資料的分類では、0歳代から80歳以上まで10歳単位で分けます。ここでは意味のある年齢で分けていきます。

次に、表の1番上に、条件項目「年齢」と記載し、その下に条件を書いていきます。ライフスタイルが条件であれば、出揃った場面から記載していきます。たとえば「夜9時過ぎまで働いている」「通勤時には音楽を聴いている」「ゲームを1日2時間以上やる」「花をよく買う」「夕食は外食がほとんど」「スカートを着る機会が多い」。脈絡なく書いていると、新しい条件が見つかります。ライフスタイルもいくつかの分類に分けられるならば、その分類条件を書いて、その下に分けられた内容を記載していきます。

条件分けした項目が20以上見つかりますね。どんなに少なくとも15以上は見つかります。10以

下であれば、今までの検討が足りないと思われます。

全部書き出せたら、最後に色付けです。自社の商品・サービスの優れている場面に自社のカラーで色付けし、競合の優れている場面を競合のカラーで色付けします。これで完了です。

次節に、睡眠薬を商品の例にして作成したシートを紹介しますので、参考にしてみてください。（P131参照）

これがオンリーワンを作り出すもととなります。とても大切な一枚です。

この表は、自社の商品・サービスのオンリーワンを作り出す宝物の表です。特別に大切にしましょう。そして定期的に見直すことが必要です。

06 驚きの価値が生まれる瞬間！

でき上がった場面の表。この表から驚きの価値が生まれます。

表の中のあなたのブランドカラーに塗られた場面条件。これを3～4個組み合わせます。

たとえば、睡眠障害の治療薬では、自社のカラーから次の4つの場面条件を組み合わせた顧客です。薬では最適な患者像が出てきます。

○70歳以上の高齢者。夜にトイレで1回以上起きる。骨の密度が低い（骨粗鬆症を合併）、朝早く目が覚める。

○中学生。受験が1～2年後、夜遅くまで勉強

睡眠障害治療薬 最適患者像 検討シート

年齢	ライフスタイル	睡眠時間のずれ	睡眠時間中に目が覚める回数	体格	合併症
10-12歳	忙しい	昼夜逆転	0（なし）	筋肉質	骨粗鬆症
中学生	ストレス多い	深夜2時以降	1	中肉中背	認知症
高校生	のんびり	0時を超える	2	痩せ型	生活習慣病
大学生	子育て	夜11時台	3		喫煙
22-29歳	介護あり	夜10時台	4以上		肩こり
30-39歳	受験生	夜10時より前			頭痛
40-49歳	飲酒習慣	早朝に目が覚める			腰痛
50-59歳	不安強い				
60-69歳					
70歳以上					

例として示したものであり、必ずしも正しいものではありません

している。朝起きれないことがある。強い不安はない。

一方、従来の睡眠薬が優れている患者像は、20〜30歳代の体格のいい男性。忙しく、朝早くから夜遅くまで働く。肩こりや腰痛がある。責任感を感じていてストレスがある（自覚していない場合も含む）。

同じ睡眠障害の薬ですが、最適な患者像が大きく異なります。

これは私自身の体験談ですが、発売当初は「新しい睡眠障害の治療薬が出ました。作用機序は○○で効果は○○です」と営業活動を行います。医師が自由に判断し使用をした結果、悪い評判をたくさんいただきました。「なかなか効かない、効果発現が遅い」「朝起きる必要がある時間帯まで眠くなっていてスッキリ目覚めない」など、医療の専門家ではない読者でも、この評判は最悪と感じますよね。

医師によっては全く効かない睡眠障害の治療薬と評価し、全く売れない営業パーソンが出て来ました。一方でこの薬は素晴らしいという評価をつけた医師たちが少なからずいました。

支店長だった私は、医師のアポイントをとり、営業パーソンに同行し医師に聴取しました。聴取したことは次の通りです。

①使用場面
②薬を選ぶ基準
③処方された患者像
④その患者を選んだ理由

複数の医師からの聴取で、最適な患者像を選ぶ条件・場面が分かって来ます。すると、場面の条件を作る表ができ上がります。

全部で10種類以上の自社の睡眠障害治療薬に相応しい患者像を作りました。あとは営業活動で使うだけ。ここから売上の爆発的な増加が始まりました。

07 個人の成功例を組織全体の成功につなげる！

当時、担当支店で売上10倍プロジェクト（質問力プロジェクトと命名していました）を実施中、プロジェクトメンバーがパイロット活動を実施し、売上が急増していきました。

特に過去のやり方を知らない入社2年目のフレッシュな社員が売上を上げていきました。売上が伸びずに苦しんでいた入社5年目のMRの提案がヒットして、ある内科クリニックがその地域でトップの売上を獲得しました。

会社からは驚かれ、医師から感謝されます。今まで医師から感謝の言葉をほとんど聞いたことのないMRは感激していました。他の未使用医師への活動量が増えていき、売上も増える好循環が生まれました。

営業所長はダメMRが開花したと喜びました。やり方を知らなかったダメMRが、売上を上げるやり方を知り、素直に粘り強く活動し売上を上げ続けました。

彼の成長を目の当たりにした営業所長は、ダメＭＲが売上を上げるやり方を全営業メンバーに共有しました。すると自分のやり方を持つベテラン社員が、負けてはいられないと真似を始めました。ここまで来れば組織営業へと発展します。

いつでも新しいことを始めるときは抵抗にあいます。営業パーソンが取り入れるのは売上が上がる方法。自分のやり方に固執している人が最後まで新しい取り組みから遅れることもありますが、売上が上がり、かつ顧客に喜ばれ、自分の信頼が高まる方法を拒絶している営業パーソンの行く末は明らかですね。

08 緊急・重要になる場面を選ぼう！

これまでご紹介してきた方法を自分の商品・サービスで行ってみると、10〜20個以上の新しい場面が出てくるはずです。

きっとどれも魅力的な場面に見えます。しかし、人間は一度に20ものことを同時並行で行うことができません。せいぜい3個か最大5個で、記憶できる最大数は7±2個です。

そのため、優先順位をつけて、活動する数を絞っていきます。

活動の優先順位付けの方法をいくつか紹介していきます。最初は、顧客にとって緊急・重要となる場面です。緊急・重要とは、顧客がすぐに必要となる場面です。

あなたの商品・サービスで顧客が緊急・重要と感じる場面はどの場面になるでしょうか。
10個以上の場面から、顧客にとって緊急・重要となる場面から活動を始めましょう。

緊急な場面はないと感じているなら、重要と感じる場面を選んでください。その重要な場面が、緊急になる場合があるかをもう一度考えてみましょう。

一方、緊急はあるが重要性がない場合は、商品・サービスにオンリーワンの価値を見いだせていません。再度見直す必要があります。出ていない場合は第３章に戻って再度ワークにトライしましょう。

09 顧客にとって分かりやすい場面を選ぼう！

あなたの商品・サービスで、顧客にとって緊急で重要な場面がたくさんあります。しかし、どの場面を優先していけば良いか分からないこともあるでしょう。

あるいは自分の業界の商品・サービスはそもそも顧客にとっての緊急性はあまりない、と感じている方もいるでしょう。商品・サービス提供者側が重要で緊急だと思っていても、顧客は今必要ないと感じていることがたくさんあります。

このような場合は、相手に分かりやすい指標《ものさし》や、場面を示します。必要と思う基準を顧客が認識していないので、数値や場面で具体的に示します。

購入することが必要か必要ないの判断基準は、相手にとって分かりやすい表現を示す必要があります。

そのひとつは**数値で示すこと**です。

○携帯電話の充電の持続時間
○Wi-Fi の実測スピードの値や、基地局あたりの使用人数
○食べログの飲食店の評価点数
○Amazon のサクラを除いた評価点数
○旅行カバンで入れることができる容量、宿泊可能日数

顧客にとって分かりやすい指標《ものさし》は、自分で見て分かり、気付くものです。他人から指摘されないと分からない、自分の目で見えない、五感で感じないものは必要と思いません。電化製品やパソコンに組み入れられている部品とその機能は、顧客にとって本当に必要かは分かりませんね。

あなたの商品・サービスの必要な場面、必要となる基準を数値で示すことができれば、購入を促す強い指標《ものさし》になります。

ひとつの事例として１００円均一ショップの商品がさまざまな使われ方をしています。私は「１００均グッズ」を使った収納に興味があり、検索すると４万件以上ヒットします。この収納術を発信している人は本も出版していて、私は我が家にピッタリと思ったグッズを買いに行きま

した。100円均一なので購入価格のハードルは低いですが、無駄な買い物はゴミを増やすだけなのでInstagramで調べてから買い求めました。

隙間時間にInstagramを見て買いたくなり、重要ではないけど買ってしまうという行動が多くの人に発生しています。

「インスタ映え」する飲食店に顧客が殺到する報道もたくさんありますね。

使える場面としての分かりやすさ、「これ欲しい」と顧客が思う分かりやすさ。顧客にとって分かりやすい場面を優先して実際に活動しましょう。

10　不満足と感じる場面を選ぼう！

顧客のほとんどは現在持っているものや使っているサービスで満足しています。物が大量生産され、捨てられる時代。エコロジーが大切にされ、ミニマムな持ち物で生きるミニマリストが若者の間ではやっています。

私のようなバブルを経験した世代と、現代の20～30歳代では購買意欲、購買意図が異なります。

しかしながら、どんな時代であっても購入のきっかけは、その商品・サービスを得ることによって「何が変わりますか？」という一言に帰結します。

顧客は変化を期待して商品・サービスにお金を支払うのです。

顧客の抱く「期待と満足・不満足の捉え方」には、大きく分けて２種類あります。

①時間経過による期待と満足・不満足の捉え方
②評判やデータが示す期待値からの満足・不満足の捉え方

それぞれ考えていきましょう。

1つ目、時間経過による期待と満足・不満足の捉え方には、3種類あります。

①購入前の期待による満足・不満足

②購入直後の期待による満足・不満足

③しばらく経過後の期待による満足・不満足

購入前、購入直後、しばらく経過後では、それぞれ違った不満・不十分・不足が発生し、これが顧客の購入、あるいは顧客離れのエネルギーになっています。

①購入前の期待による不満足

自社の商品・サービスはこんな場面で選んで欲しいとあなたは本書を読んで分かってきています。しかし実際に選ぶのは顧客。顧客が何か不満足と感じているから購入を検討します。

衣服では体重が増えた、あるいはダイエットで痩せて今のサイズが合わなくなったという場面があります。

インターネット環境ではWi-Fiの繋がりが悪くなることがあります。

顧客は過去に同類の商品・サービスを使った経験があり、購入時に自分の好みや価値観に基づいて、あるいは自分の現在の所有物にフィットするものを選んでいます。

顧客は今どんな状態だったら不満足と感じるでしょうか。

発見できた場面、場面の条件を、購入前の不満・不十分・不足の観点から考えてみましょう。

②購入直後の期待による不満足

顧客が購入直後に不満不足と感じる場面は何でしょう。

飲食物では、口に入れた瞬間に不満足が分かります。衣服では、お店で試着した瞬間、あるいは自宅に戻り手持ちの服と合わせた時にも不満足が起こり得ます。使用直後は、顧客が１番不満足を感じやすい場面です。

しかし顧客は、自分で手に入れたものは良いものと感じるバイアスが発生しやすいため、直後の不満足は忘れよう、打ち消そうという意識が働きます。嫌な情報は意識の外に置こうとします。

しかし、確実に満足か不満足かの判断を人は行っています。

購入直後の不満足の場面は営業や接客時に力を発揮します。

「購入して最初に使った時に、○○のようなことをお感じになられませんでしたか?」という問いかけにつながります。

購入当初に違和感を得ていても、購入後はそのことを無意識に追いやり、あるいは我慢しながら使っています。我慢して使っていると少しずつ気に入ってきます。自分の意識を良いことに合わせる人間心理の働きもあり、最初の違和感を忘れてしまうのです。

「購入して最初に使った時に、○○のようなことをお感じになられませんでしたか?」と顧客に問いかけると、「そういえば」と顧客は思い出してくれます。無意識から表面に記憶を引き出してくれるのです。

また、競合の「購入直後の不満足」を考えることも大切です。これは、あなたの商品・サービスに切り替える「きっかけ」になるからです。

現代では、SNSを探せば「購入直後の不満足」が消費者の感想として至るところに書かれています。それを参考にするのもよいでしょう。

営業接客時に顧客の購入に向けて強力な質問をつくり出す「購入直後の不満足」を考え、条件に加えておきましょう。

③しばらく経過後の期待による不満足

気に入って使っていても、何らかの影響によって不満足が生じます。

単純に商品が経年変化で悪くなる場合もありますが、多くは新しい情報や体験によって発生します。

「しばらく経過後の不満足」を考えておくことは、顧客のフォローアップに大変有効です。

あなたの商品・サービスから離れていく顧客を最低限に抑えることができるからです。

薬の場合、薬の効果は１００％ではないため、一定の割合で、思ったような効果が得られないということが発生します。また副反応も一定の割合で発生します。

あなたの商品・サービスでは、どのくらいの期間、どのくらいの回数で使用されると不満足を感じるのでしょう。
あなたが想定しているより早く、顧客は不満足を感じます。
あなたも自分の商品・サービスはできるだけ長く愛用して欲しいと思う一方で、想定外の短い期間で不満足が発生していると考えましょう。

薬では有効率がたとえば70%であれば、**3人の患者さんに続けて不満足が発生し得ます。3回続けて不満足になると、普通はダメな薬と判断**されます。

私も医師から「この薬は全然ダメです。宣伝されている内容と全く違う」と叱られた経験があります。患者さんが重篤な状態で使用されたため、3人の患者さんに続けて薬の効果が発揮できず不幸せな結果になりましたが、その後の丁寧な対応でより最適な患者さんの使用につながりました。

もし使用後のフォローアップを丁寧に行っていなかったら、連続して悪い経験を持った医師は、2度と同じ薬を使用することはないでしょう。さらに悪い経験を他の医師に伝達する可能性があります。悪い経験だけを聞いた医師はデータがどんなに良くても使うことをためらいます。使用後のフォローアップを疎かにする人が少なからずいますが、売上が思うように伸びていきません。

丁寧なフォローアップは、顧客の離脱を防ぐだけでなく、次の購入につなげるためにも重要です。

３つの不満足の場面。これらの場面を考えることで、売上10倍がさらに確実になります。

不満足はクレームとして出ている場合もあります。クレームの放置は顧客離れにつながることは常識ですね。

そしてクレームの対応が新たな商品・サービスの開発や顧客の創造につながった例は枚挙にいとまがありません。

コラム4　顧客が気にしない場面を気にさせた「ユニクロ」

爆発的に売上を伸ばしたユニクロは、オンリーワンとはほど遠いと思われるかもしれません。

ユニクロの業績を大幅に上げたのは、高価なダウンではなく、安価で暖かいフリースが大ヒット。あまりの安さと暖かさに、私は田舎の母親のために買い求め送りました。

外出時にも着ましたが、家の中で着ていても軽くて暖かい。昔は半纏《はんてん》のような綿がたくさん詰まった衣服を着ていましたが、少しおしゃれでそのままに外に出れます。着替えるという手間を省き、新たな着用場面を提案し、顧客がそれを受け入れました。

また、私の妻や娘が、

「インナーはユニクロだよね」

「冬におしゃれするときに薄くて暖かい下着ヒートテックは最高」

「夏にも一枚インナーに着ておくと汗の吸収と発散が良くてサラッとしている」
「お洒落な洋服に汗染みがつかなくていいよね」と話しています。

ユニクロの良いところは、お洒落とは対局にありながら、おしゃれを邪魔せず、しっかりサポートすること。でしゃばらずに支えること。この素晴らしい機能が、仕事の現場やさまざまな現場で暮らす人の場面に最適なのです。

今まで気にかけていないが困りごとが発生していた場面を、しっかり新しい機能でサポートして、それを着ている場面で提案し、売上を伸ばしてきました。

最初は数人が「これいいいね」と思っただけでした。それがどんどん広がり、日本だけでなく世界の人たちの共感を生み出し、世界のユニクロになってきていますね。

第5章

顧客の「買いたい」を生み出す「価値ストーリー」で対話せよ！

01 購入ステップを踏ませる！

人が購入するときに、少し高額の商品・サービスを購入する、あるいはまったく初めての購入では、購入行動に移すまでに４つの段階的な変化、「購入ステップ」が必要と言われています。

４つのステップとは、次の通りです。

①認知する
②理解を深める
③自分ごととして捉える
④行動に移す

まず、その商品・サービスの存在を知り、顧客が自分にとって必要かもしれない、重要かもしれないと認知すること。「認知する」が最初のステップです。

行動に移すまでの段階的な変化

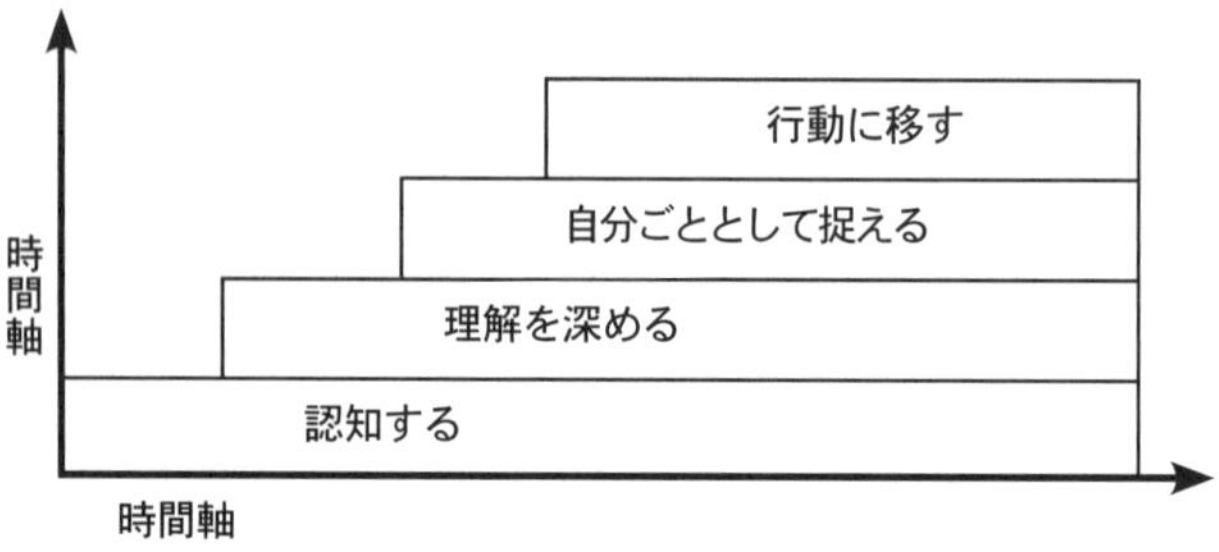

2つ目は「確かに大切だ」「必要になる、重要になる、緊急になる場面がある」など、その商品・サービスが、どれほど自分にメリットがあるのかという理解を深めることです。

認知しただけでは、購買につなげることはできません。顧客にとっての重要性や緊急性が高まっていないからです。この段階では、一般的にそのような場面・機会が存在する、という理解のレベルを示しています。

3つ目は、自分ごととして捉えることです。キャズム理論では、イノベーターやアーリーアダプターはすぐに自分ごととして捉えて購入しますが、アーリーマジョリティは、すぐにはその商品が自分に関係するとは思いません。「自分に役立つかな」と薄々気付いたとしても、自分に深く関係し、とても重要だ、必要だと感じないのです。

アーリーアダプターは、商品・サービスの説明を少し行うと、すぐに購入する一方で、アーリーマジョリティの多くは、今の商品・サービスで十分なので、真剣にあなたの商品・サービスと向き合おうとはしません。

この3つ目のステップがとても大きな障壁となります。

キャズムでいうアーリーアダプターとアーリーマジョリティの大きな溝です。この大きな溝を乗り越えることで、使用する顧客が大きく増加します。

そのためには、顧客が自分に必要な具体的な「場面」に気づき、「自分ごととして捉える」ことが必要です。抽象的なセールストークやデータ、メッセージでは自分ごとに感じません。あなたも、たとえ「一般的にこの商品はいいよ」と言われても、それだけで自分にとって本当に役立つとは思わないはずです。

他者からのメッセージ、提供者側のメッセージがどれだけたくさんあっても、最後は自ら必要な「場面」があるという「気付き」「自覚する」ことが購買につながります。

4つ目は、最終ステップは「行動に移す」です。購入すると決めて買い求めることです。必ず欲しい、急いで欲しい、何とかして手に入れたい、サービスを体験したい状態です。買いたい気持ちが確立し、不安が取り除かれています。

この4つのステップを接客・対話を通じて進めていきます。

４つのステップは顧客が１人で進めるものではありません。あなたが説明を行った後にすぐ購買する顧客は、既に困った場面があり、あなたの商品がマッチすると気付いた人が多いです。

一方、他の顧客たちはあなたの商品・サービスが重要かつ緊急と感じていません。現状が望ましいと考える多くの顧客が購入への４つのステップを自ら進むことはありません。

顧客が「購入ステップ」を踏むには他者からの働きかけが必要です。

コロナ禍において、Face to Faceでの接客・対話の機会が減少した一方で、ZoomやTeamsなどのオンラインツール、チャット、LINEなど、さまざまな道具・手段を使って進めていくことができるようになりましたね。

あなたの使える道具・手段を増やして、顧客との対話を進めていきましょう。

また、あなたの知らない間にあなたの商品・サービスが、こんな場面に素晴らしいことを伝えるInstagramなどのSNSも発達しています。今やSNSは顧客との対話のツールのひとつになっていますね。

02 顧客が気持ちよく「購入ステップ」を踏める魔法！

顧客があなたの商品・サービスを、4つの「購入ステップ」を踏み、喜んで購入していく〝魔法〟があります。

その魔法は、あなたが商品・サービスを説明するのではなく、顧客と対話することです。

なぜ対話なのでしょう。対話の反対語は辞書で調べると独話、1人で話すことです。顧客と接している場面で、独話はありえないとあなたは感じるかもしれませんが、そうではありません。

対話とは相手の存在があり、かつ相手の存在を尊重することです。

営業現場で、営業パーソンは自分の取り扱う商品・サービスが優れていると信じ、その良いところや価値について、力を入れて説明します。顧客にとって購入するメリットがあると信じて話します。すると、営業パーソンの話す時間が必然的に増えていきます。

しかし、必ずしも営業パーソンの話が顧客の求めているものと合致しているとは限りません。

セールスパーソンの話が先走り、顧客が置き去りになってしまった経験が一度はあるのではないでしょうか。

このような時は営業パーソンの独話になっています。良かれと思ってやっていますが、対話相手である顧客を尊重していない状態です。どちらかといえば上から目線で教えてあげるという状態です。

これでは魔法にかかるどころか、顧客が逃げ出すきっかけ、断るきっかけを営業パーソンが自らつくり出していることになります。

「顧客が喜んで購入する魔法」とは、顧客の関心に寄り添い、深掘りし、顧客自らが買いたい理由、買ったときの理想の場面に気付くことです。

あなたの商品・サービスを使っている場面を自ら描いて、そこで喜んでいる、感情が動く場面を描きます。そして**営業パーソンに勧められたのではなく、自分の決断、自分の意思決定で決めたと感じることです。**

人は他者から勧められたものより自分で気付いたものが重要と感じます。自分で気付いたものは確かで信頼に値すると感じます。

また、人は自分で決断した、自信を持って購入したという、自分を肯定的に捉えたい気持ちと安心感の双方を求めます。自分で決断するためのサポートは喜んで受けたいと思い、そのサポートをしてくれる人を信頼できる人と認識します。

しかし残念ですが、顧客が自らの意思決定のみに従って商品を購入することはまれです。イノベーターやアーリーアダプターの一部は、自分で自分に魔法をかけることができる人たちです。自らが買いたい理由、買ったときの理想の場面に気付く人たちです。あなたの商品・サービスを使っている場面を自ら描き、その状態で喜んでいる場面を描くことができる人たちです。

これらの人たちはあなた以上に場面を描くことが得意な人たちです。したがってあなたは、イノベーターやアーリーアダプターの一部が作り出した場面を集め、その場面に魔法をかけていきます。

03 顧客を魔法にかける「価値ストーリー」！

人が心地よいと感じ、感情が動くものは「ストーリー」です。

多くのヒット映画では、ヒーローズ・ジャーニーの形式を用いています。スターウォーズ、スーパーマン、スパイダーマン、アベンジャーズ。日本の漫画でも、昔は巨人の星、エースを狙え、スラムダンク、最近では鬼滅の刃。すべてヒーロー・ヒロイン達が活躍するストーリーです。

ヒーローズ・ジャーニーとは次のストーリーです。

①使命・天命がある
②試練に会う
③試練を乗り越える
④目指す未来を達成する

自分の商品・サービスでは、そんなヒーローズ・ジャーニーのようなストーリーは描けないと感じているかもしれません。大袈裟なヒーローでなくて良いのです。身近なヒーロー、あなたの商品・サービスを購入した顧客が力が湧くようなストーリーで良いのです。顧客の小さな変化で良いのです。

これまで、顧客が求めているのは、商品・サービスそのものではなく、それによって得られる「変化」であると紹介してきました。小さな変化を、場面を加えたストーリーに仕立てていくのです。

「価値ストーリー」は、あなたが一方的に提供するものではなく、顧客があなたとの対話を通じて、顧客が描いていくものです。つまり「価値ストーリー」は、顧客が自分のヒーローズ・ジャーニーを描くお手伝いをするものです。

顧客があなたのサポートを受け、あなたとの対話を通じて、自らが買いたい理由、買ったときの理想の場面を発見していきます。そして、顧客があなたの商品・サービスを購入した後の変化、喜び、満足を描いていく手法です。

ここで描かれる場面こそが、顧客がとても買いたい！　というモチベーションが頂点に達し、購入の意思決定に動く瞬間なのです。

04 「価値ストーリー」のつくり方！

いよいよ「価値ストーリー」をつくっていきます。

前述した通り、「価値ストーリー」は顧客との対話のストーリーです。**あなたの問いかけと顧客の反応・回答という会話のキャッチボールで進んでいきます。**

「価値ストーリー」は７つのステップからできています。一つひとつ紹介していきます。

「価値ストーリー」は、導入トークから始まります。

たとえば、いきなり場面を問いかけても、顧客はあなたの言葉を十分に理解することはできないでしょう。顧客は戸惑います。あなたの投げかける場面が直ちに１００％マッチする顧客もいますが、多くの顧客の場合はあなたの商品・サービスを必要と感じません。

「価値ストーリー」では、必要と思っていない顧客が買い求めるように仕掛けていきます。

導入トークは、顧客の具体的な使用場面を、少し抽象度を高めて一般的に起こる事柄として表したものです。

たとえば、月経困難症の患者さんが生理痛に苦しみ、鎮痛剤を服用しても痛みが2〜3日続いている場面があると仮定します。

その場面での最初の問いかけは次の通りです。

「生理の前後で体調不良を訴える患者さんは多数いらっしゃいますが、痛みを訴える患者さんの割合は多いでしょうか」

生理時の症状としては、痛み以外に、意欲がでない、頭がぼーとする、集中力が続かない、イライラするなどさまざまですが、その中で痛みの出現割合が高いことが統計上分かっています。

導入トークでは、対話相手の顧客が「はい（Yes）」と回答することを前提に組み立てます。

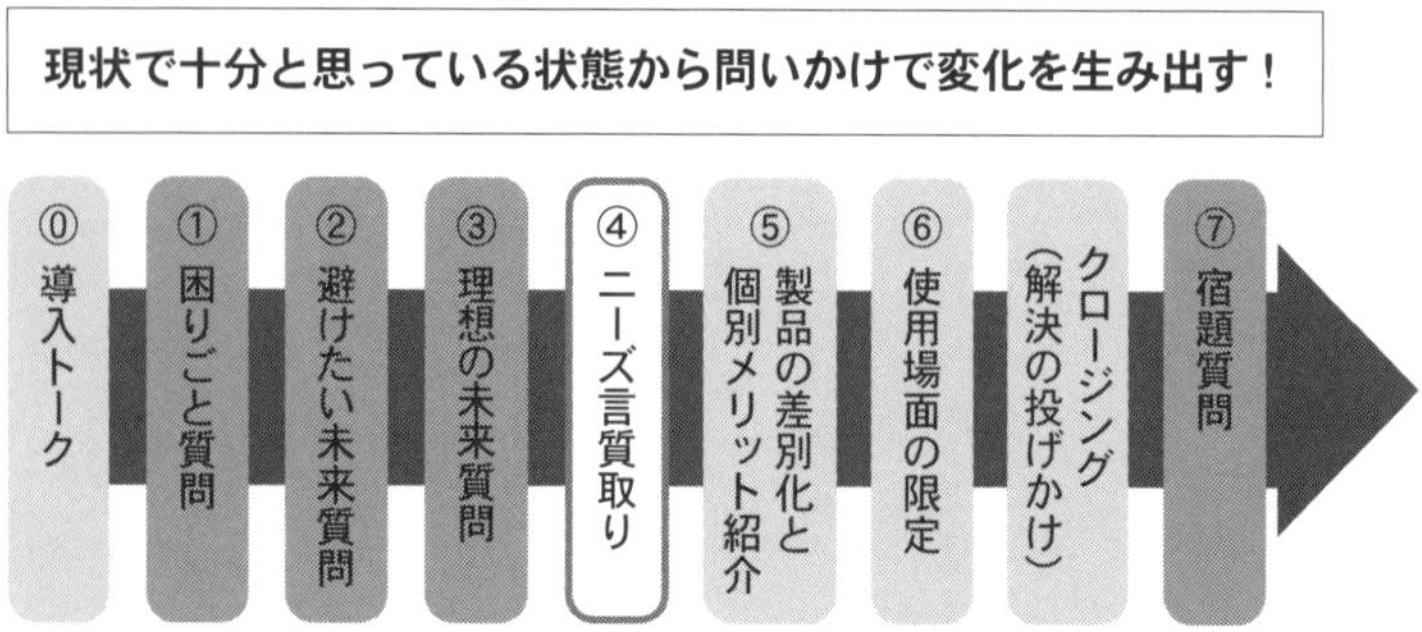

顧客が「はい（Yes）」と答えることで、「いいえ（No）」と答える場合に比べ、はるかに対話が進みやすくなります。

さらに「はい（Yes）」と答えた内容を深掘りして、具体的にはどんな痛みが多いですか、痛みはどれくらいの期間続くのですか、特にひどい状態の人はどんな状態で来られるのですか、と次の問いかけが行いやすくなります。「いいえ（No）」と答えた場合には別の話題に転換させる必要が出て来ますが、「はい（Yes）」の場合は、同じ話題が継続できます。

05 困りごとを聴き出せ！「困りごと質問」

「価値ストーリー」での導入トーク後の問いかけは「困りごと質問」と呼びます。

「困りごと質問」は、あなたがつくった場面、顧客があなたの商品・サービスを使う前の困っている場面、何らかの変化を求めている「場面」です。この「場面」を問いかけに用います。

月経時の症状に困っている患者さんには、次のように投げかけます。

「生理時の症状を訴える患者さんの中で、生理の痛みで鎮痛剤を服用しても痛みが2～3日続いている患者さんはいらっしゃいませんか。とても辛い状況だと感じていますが、いかがでしょうか？」

この「困りごと質問」も「はい（Yes）」の答えを期待して投げかけます。多数の患者さんでなくて構いません。特に困っている場合ほど、新しい変化・満足を求めています。その状態を投げかけます。顧客の回答、薬では医師の回答を待ち、その回答に合わせて話を展開していきます。医師の話された内容を受け止め同意して、次の質問に進みます。

06 不幸せな未来がエネルギー！「避けたい未来質問」

「避けたい未来質問」は、**顧客が困っている状態が続くと、どんな不幸せな未来、嫌な未来がやってくるかを顧客に尋ねます。**「避けたい未来質問」は不幸せな未来の場面を描く質問です。

多くの顧客は自分の困っていることに何もできないという無策の状態ではなく、何らかの対応を行なっています。その対応が適切でない場合でも、人は自分の行いを正当化したいので、一定の満足を得ています。不幸せな状態を描かない、描きたくない傾向にあります。

「避けたい未来質問」では、顧客の現在の対応を否定しないよう、顧客に不幸せな未来の状態を描いていただきます。

「もし・・・が続くとしたら」という仮定の質問を投げかけます。「もし残念なことに・・・が続くとしたら」あるいは「もし何かきっかけがあって・・・の状態が続いたり悪化したりするとしたら」と問いかけます。

月経困難症の例では、鎮痛剤を飲んでも2～3日痛みが続いている不幸せな未来の状態を問いかけます。

具体的には、学生の場合は、毎月2～3日あるいはそれ以上勉強に集中できない日があり、学びが遅れる。社会人の場合は、生理の痛みの日が大切なプレゼンや重要な会議での発言の日と重なり、頭がいつも冴えている人でも通常より30％以上能力が低下する。学業や仕事で小さなケアレスミスが増える。人と出会う場に出たくなくなる。そんな自分を責め、どうしてこうなのと悩む。その状態が1年、2年と続くと仕事の評価が下がり、将来のなりたい姿、自分の夢の実現が遠のいてくるなどが想像されます。

不幸せな未来の状態は顧客が避けたい未来です。想像したくない、現実に起こってほしくない未来です。

人がなかなか動け出せないとき、物事を楽観的に捉えていることが多いです。「何とかなるさ」「ケセラセラ」です。いずれ何とかなるだろうと放置しています。

売上10倍のためには、顧客の「何とかなるさ」の気分を変えることが重要になります。

不幸せな未来の状態は「避けたい」「嫌だ」「逃れたい」という気持ちが動きます。嫌な感情が、エネルギーになります。嫌な体験や怒りの感情がバネになって大きく伸びたという人をたくさんあなたも知っていますね。

私も田舎育ちで貧乏だったので、「人になめられるのは嫌だ」という感情・体験が、自分の成長の原動力になっていることが最近コーチを仕事にすることで分かりました。

避けたい未来のエネルギーを顧客の購入へのエネルギーとして使っていきましょう。

07 顧客の決定を加速する！「理想の未来質問」

「避けたい未来質問」では不幸せな未来の状態を顧客に描いてもらいました。マイナスを避けたいことがエネルギーになります。嫌な状態を避けることに加えて、さらに人の意思決定につながるエネルギーとなるものが「理想の未来質問」で取り上げる理想の未来です。

月経困難症では、鎮痛剤を飲んでも2～3日痛みが続いている状態がすべて消え去ったらどう感じるでしょうか。今までは生理痛の3日間はとても辛い時間。そして生理が近づくと憂鬱な気分が始まり、1か月に約5日間は痛みや悩みを抱えていました。それが消え去った状態です。あなたが男性であっても想像してみましょう。

理想の未来では、あなたは100％のパフォーマンスが発揮できます。そして積極的になれます。またオシャレな服が着たくなり活動的になります。生理期間は避けていた明るい色や淡い色の洋服が着れる嬉しさもあります。さまざまな場に出かけていきます。受験勉強や本番のテスト、大切なプレゼンや会議、その場で力を十分に発揮できるのです。事前準備も今まで以上に快適にできます。この状態が２～３年、それ以上続くと、自分の叶えたい夢の実現につながっていきます。

避けたい未来があり、理想の未来がある。

私が見出したこの手法は、私が50歳を超えて深く学び出したコーチングの手法にも同じパターンがあることを知りました。なかなか動き出せない人がコーチの力を受けて動き出せるようになる、その手法も同じでした。

顧客の行動を加速する。つまり顧客が手に入れたい、サービスを受けたいとの決定を加速するのが、「理想の未来質問」です。

08 理想の未来につながる信頼を示せ！

不幸せな未来を描き、その避けたい未来に向かわずに解決される。そしてさらに素晴らしい世界である理想の未来を描きました。

あなたが顧客だったら「それは本当？」と疑いの目を向けたくなりますね。

これまで、あなたの商品・サービスを提供者側視点、顧客視点でよく見つめ、実際に使われている場面を確認してきました。

医療用の医薬品の世界では、当然ですが効果が一定以上あること、そして安全であることを多くの患者さんを用いた臨床試験で証明しなければなりません。理想の未来の土台となるデータが確実に存在することが求められます。

医薬品ほど厳格ではないものの、多くの商品・サービスも、理想の未来が実現することのサポートとなるデータを示しています。

絶対的な基準がない商品・サービスでは、売上ナンバー1、販売数ナンバー1、それもある特定の分野に絞り込んで、２０２１年○○分野売上ナンバー1などと示し、安心と効果の両面の確からしさを示唆する広告があります。

食事ではミシュランの星を絶対的な基準と捉える人がいます。また食べログなどの口コミの点数も気になります。Amazonや楽天では出店しているお店の信頼度や、やらせではない口コミも基準になります。家電量販店で作られている商品比較も基準のひとつになりますね。

新発売時や新規サービス提供時に信頼できるデータは揃いにくいですが、体験モニター等が募集され、そのモニターの声や、モニター満足度をデータとして示している事例があります。（医療用医薬品では特定の個別データをして全体に有効性を示唆することは禁止されています）

オンリーワンの場面の証明データはあるに越したことはないですが、個別場面のデータをすべて揃えてから営業活動を行っていれば、機会損失になります。

実際の営業活動では、顧客の多くがこのような場面で商品・サービスを使用し、良いと感じていますよと伝え、顧客が自分が使っている姿を描き、気付きを得ることを重要視しています。

そして、顧客が自分に合っているかどうかを考えて判断する。営業は顧客に合っているかどうか、一緒に現状と未来を考え、顧客が判断するサポート材料を提供していきます。データが多数集まり、分析結果が作られるのを待つより、まずは営業活動に取り入れて行動する。そしてその行動結果を集めると、信頼できるデータができ上がってきます。

顧客は信用できないものは買いたくないです。個別解析したデータはなくても、**実際に見たり触ったり、話を聴いて自分に合っていると思うと信用に変わっていきます。**信用という言葉通り、信じる用途、信じるに値する場面が自分あると顧客が思い出すのです。

データより自分の判断の正しさを信頼するという「確証バイアス」が働き始めます。客観的な事実より、自分に合っているという納得感が優先されます。

理想の未来につながる信頼をおおよそのデータで示すと同時に、顧客が描いた理想の未来は自

分に合っている素晴らしい姿であると自信を高めていくことで購入につながっていきます。

09 感情を動かし、顧客の言質を取ろう！

信頼を高めたら、もう一度顧客に尋ねてみましょう。

現在の状態から一歩進み、その決断があなたの避けたい未来から逃れ、「理想の未来」がやってくるとどんな気持ちになるでしょう。どんな姿で、何を楽しんでいるでしょう。何を感じているでしょう。周りはそのあなたを見て何と言っているでしょう。

月経困難症の痛みに悩む患者さんの場合、次のように医師に問いかけます。あなたは月経時の痛みに悩む患者さんになりきって聴いてください。

月経時の痛み、辛さから逃れ、集中力の低下や気分の落ち込みがなくなります。大事な試験やビジネスの機会に最高のパフォーマンスで臨めます。試験やビジネス機会で成果を感じて、達成感ややりがい、満足感を得ることができます。いつでもお洒落ができて、人との出会いも楽しめます。軽やかに行動し、毎日が楽しく充実して過ごすことができます。

さあ、あなたは今、どんな気持ちですか。どんな姿で何を楽しんでいますか。何を感じていますか。周りの人は何と言っていますか？


いかがでしょうか。どんな感情が浮かびましたか。

おそらく喜び、嬉しさ、楽しさという感情を持たれたでしょう。

そして、この商品・サービスを手に入れたいという気持ちが高まっています。

次にあなたは顧客に問いかけます。


「今、想像した姿、想像した世界を、あなたは手に入れたいですか？」


答えは聞くまでもありませんね。

「理想の未来」を手に入れたい、という答えが返ってきます。あなたの商品・サービスを手に入れたいという答えではなく、顧客が得たい未来、描いた未来を手に入れたいと顧客は発言します。

これが「言質を取る」ことです。

感情を動かし、自分の「理想の未来」を手に入れる言質を確実に取りましょう。とても大切な営業のステップです。

10　顧客が抱える不安を解消しよう！

あなたの投げかけた価値に満足し手に入れたいと感じても、他に不安があると購入の意思決定につながりません。顧客層がアーリーマジョリティからレイトマジョリティーに移るにつれて、不安が購入の意思決定を遅らせます。意思決定の障害になります。

「もう購入するだろうと思ったのにどうして買わないの？」

あなたの顧客に対してこのように思ったら、顧客はまだ、あなたの商品・サービスに対して何らかの不安を抱いているのです。

この不安を取り除くサポートができるかどうかが、売上10倍のカギとも言えます。

不安は商品・サービスを使った時のリスクでもあります。

既に使っているものを、あなたの商品・サービスに変えることで、何か不都合が生じるのではないか、という未来への不安です。避けたい未来を避けて、理想の未来が手に入れられる可能性がある。それは分かったけれど、何か良からぬことが起きるのではないかという不安です。レイトマジョリティーは、ほとんど場合このような傾向を持っています。

これは「損失バイアス」といわれ、今持っているメリットを失うことを、新しい価値より過大に感じることです。

月経困難症を改善する薬では、3か月後に数日間の月経がやってきます。最初の3か月後の月経では以前に比べ痛みが小さくなっている場合が多いですが、患者さんによってはまだ痛みが強く出ることもあります。その時に患者さんは痛みを過大に感じるので注意が必要です。毎月だった痛みが3か月に1回に減ったメリットがあるにもかかわらず、久々の痛みを強く感じることがあります。また治療中に少量の出血が起こる場合があり、その対応方法もお伝えすることが必須です。薬を飲み続ける期間が長くなるにつれ出血も少なくなる場合が多いですが注意が必要です。

したがって、あなたの商品・サービスを購入するとどんなリスクがあるのか、それを乗り越えるためにはどうしたら良いかを、あなたはしっかり描いておく必要があります。あなたはすでに多くの場面を作ってきました。この中に答えがある場合がほとんどです。

提供者は、顧客が感じる不安を想像することが苦手なケースが多いです。しっかり不安を聴き出しましょう。その不安を聴き、不安に寄り添い、もし起こったら一緒に対応していくことをお伝えすると安心して購入することができます。

11 クロージングは必要ない、顧客は喜んで買う！

会社や上司から面談の最後はクロージングしなさい、セールスはクロージングが最も重要、クロージングが決め手になると何度も言われてきたのではないでしょうか。

私は逆に、マーケティング部長時代も支店長時代も「クロージングは必要ない」と言ってきました。クロージングしなくても、顧客が商品・サービスの価値を理解すれば、あとは選択してもらえると言ってきました。使いたい場面を理解・納得すれば使ってもらえると言ってきました。

理想論と感じるかもしれません。

ではこう考えてみてはどうでしょうか？

全く同じ商品が別の販売名で販売されています。しかし、同じ商品であってもその価値を提供した営業パーソンとそうでない営業パーソンであれば、どちらの製品が選ばれるでしょうか？

もちろん全く同じものなので、価格差が圧倒的にあれば安い方が選ばれます。この際にクロージングは必要なく、価格対応が選択される条件で、価格提示がクロージングの代わりになります。価格は顧客にとって最も重要な価値基準のひとつだからです。

どうして「売らない・クロージングしない営業」が成り立つのでしょう？

あなたが価値ある商品・サービスを販売していることは間違いありません。同時にその商品・サービスは、顧客の現在の状態をより良くする、顧客の困りごとを解決する手段です。

したがって、**問題解決に役立つことを顧客に理解・納得いただければ売り込みのクロージングがなくても、該当する具体的な場面が発生すれば必ず選ばれます。**

そして顧客が喜ぶ姿を共有します。顧客から勉強になったよ、また教えてくださいと言われます。顧客から助かりましたという喜びの声を聞くことができます。

私が主に扱ってきた医療用の医薬品は、売り手より専門家である医師から勉強になったよ、助かったよ、患者さんも喜んでいるよとの声を聞くことができるのです。そして医師の成長支援ができていると感じます。

あなたも顧客の喜びや成長の場面に多く出会っていますね。面談ごとの売り込みクロージングは必要ないのです。

12 「宿題質問」を出そう！

売り込みクロージングは行いません。代わりに顧客との面談の最後に「宿題質問」を行ってみてはいかがでしょうか。

「宿題質問」には2種類あります。

1つ目は「顧客に出す宿題質問」。
2つ目は「自分に出す宿題質問」です。

B2B（Business to Business）の営業では、1回の商談で決まる場合は少なく、商談相手の担当者や関係者、上長などと何度かお会いして商談が決定していきます。

薬の営業職も同様で、担当地区の医療機関を複数回訪問し、新しい薬の使用開始が決まり、使用量が増えていきます。

「困りごと質問」を行いながら顧客と対話し、あなたが提案した場面での商品・サービスの価値について顧客が納得したとしても、まだまだ「購入ステップ」で示した「自覚する」（P152参照）が弱い状態が続くことがあります。

そんな時には、**面談で提案した場面が実際に存在し、それがどのような状態になっているかを確認する「宿題質問」を投げかけます。**

そして顧客本人が、そのままの状態を放置しておくと起こる「避けたい未来」、また解決したときの素晴らしい状態「理想の未来」に気付くことを促します。

面談で避けたい未来、理想の未来を顧客が語ることは強いパワーとなり購入への気持ちを促します。「宿題質問」を投げかけ、顧客がもう一度、自分の必要な現場をリアルに感じ、避けたい未来が確かにあり、解決した「理想の未来」があることを実感します。

薬では営業パーソンが医師に「提案した患者さんがいらっしゃらないか探してください」と宿題質問を行います。医師は多忙で数多くの患者さんを見ているので「提案した患者像」を忘れがちですが、宿題質問で顧客の頭にアンカー（船のいかりのこと）を残していきます。

私の経験では、医師から急に電話がかかってきて「ちょうど今患者さんが外来に来てるのです。どんなふうに処方すれば良かったですか？」と尋ねられました。もちろん処方開始につながっています。

2つ目は、営業パーソンが「自分自身に出す宿題質問」です。

顧客が購入の意思決定にまだ不安や障害が残っていることがあると仮定し、そのことを調べてお持ちしますと自分に宿題を出します。もう一度、顧客と会う機会を確実にし、今回の対話後に顧客本人や顧客の周囲からの影響で起きることを確実に把握する状態を整えます。

商品・サービスに優れた面もある一方、競合会社の活動によって顧客の不安が増大している可能性もあるのです。

確実に購入を決めてもらうために、自らリスクとなる話を行い、その紹介を行う時間を取ります。

短期的には、不安や障害に結びつくことを話さずに、顧客が意思決定し購入することが効率的です。しかしながら、後で不安や障害が発生するとクレームにつながります。クレームは将来の大きな時間のロスとなり、また信用を失う可能性が高まります。また事前に聞いていなかったことが怒りを生み出し、その怒りが友人・知人にクレームを話したり、最悪の場合はＳＮＳなどで発信されてネガティブな情報が拡散することがあります。

宿題質問を投げかけたときに、「必要なことは分かったので購入します。リスクについては購入してからで良いので教えてください」あるいは「今簡潔に重大なリスクだけ教えてください」と顧客が話すこともあります。購入する決断は揺れることがない時でもリスク・障害を話すことは信用を高めます。

Ｂ２Ｂにおいての宿題質問は、Ｂ２Ｂとは異なったものになることがあります。

「購入して何か不都合があったら教えてください。いつでもお取り替えします」

「使って良かったという場面を教えてください。こちらがアンケート欄なのです。良かった場面をフィードバックいただけると次の購入のサービス券を差し上げているのです」

Ｂ２Ｃでは、顧客が必要な場面を理解・納得されると購入につながることが大半です。しかし一部の顧客は「一度持ち帰って検討します」「今のものと比較してみます」「他の似た商品ともう一度比べさせてください」などと話されることがありますね。

私が営業パーソンであれば、「差し支えなければ検討するポイントを教えていただいてもよろしいでしょうか。私の方でもさらに詳しくお知らせすることが可能です。本日のお話で足りないところはメールや電話でお伝えします。またいつでも気になることがあったらお電話ください」と自分に宿題質問を出します。

また顧客には「○○の場面で使うことを想定して考えてくださいね。○○の場面を一度実際に作っていただいて、その場面で使っている様子を想像してください」と投げかけます。

宿題質問は、顧客の心に残ることが実は多いのです。また顧客が「私のことをとても気にかけてくれている人」と感じて、信頼度を高めることができます。

売り込みクロージングの代わりに使ってみてください。

13　ストーリーとして提案・対話・発信せよ！

第5章でここまで紹介してきた「価値ストーリー」は、顧客が自分自身で必要となる場面を描き、そして感情が動き、どうしても欲しくなる・買いたくなる「対話のプロセス」です。

導入トークは顧客からは「はい（Yes）」と回答が戻ってくる話題から「困りごと質問」へとつなぎます。現状から抜け出したい困っている場面を「困りごと質問」で提案します。

この「困りごと質問」を投げかけたとき、自分で想定した困っている場面が、相手の困りごと場面と一致しないことがあります。その時は「避けたい未来質問」に進まず、準備している異なる場面を「困りごと質問」の継続として投げかけます。

「顧客は困っている」とあなたは確信しているため、困っていないという顧客の発言がおかしいと感じることがあります。これは顧客が現状に満足していて、あなたの提案する困りごとは、現在は気になっていない・気付いていない状態です。気付いていないことをいきなり言われても、顧客はピンときませんね。

あなたはめげずに次の異なる困りごとの場面を顧客に尋ねます。顧客の抵抗に合わないように、「先日のお客様で○○のようなことを伺ったのですがいかがでしょうか？」と、ダイレクトな質問ではなく、少し婉曲した柔らかい問いかけで尋ねます。

「困りごと質問」で困っている場面に同意できれば、「避けたい未来質問」と「理想の未来質問」へと対話を進めていきます。

営業パーソンが顧客を尋問することのないよう、丁寧な口調、顧客に合わせた口調で未来のことを尋ねていきます。

そして言質取りとして、今の現実から抜け出すことにトライしましょうと確認していきます。クロージングは必要ないと前項で書きましたが、多くの企業の営業部門ではクロージングが必要という認識がほとんどですので、図ではクロージングとあえて記載しています。このクロージングは、売り込みや買ってくださいという売上視点、提供者側視点のクロージングではなく、顧客の課題を一緒に解決しましょうという顧客視点の投げかけです。

最後は宿題質問で締めます。

これが「価値ストーリー」の対話のプロセスです。

現状で十分と思っている状態から
問いかけで変化を生み出す！

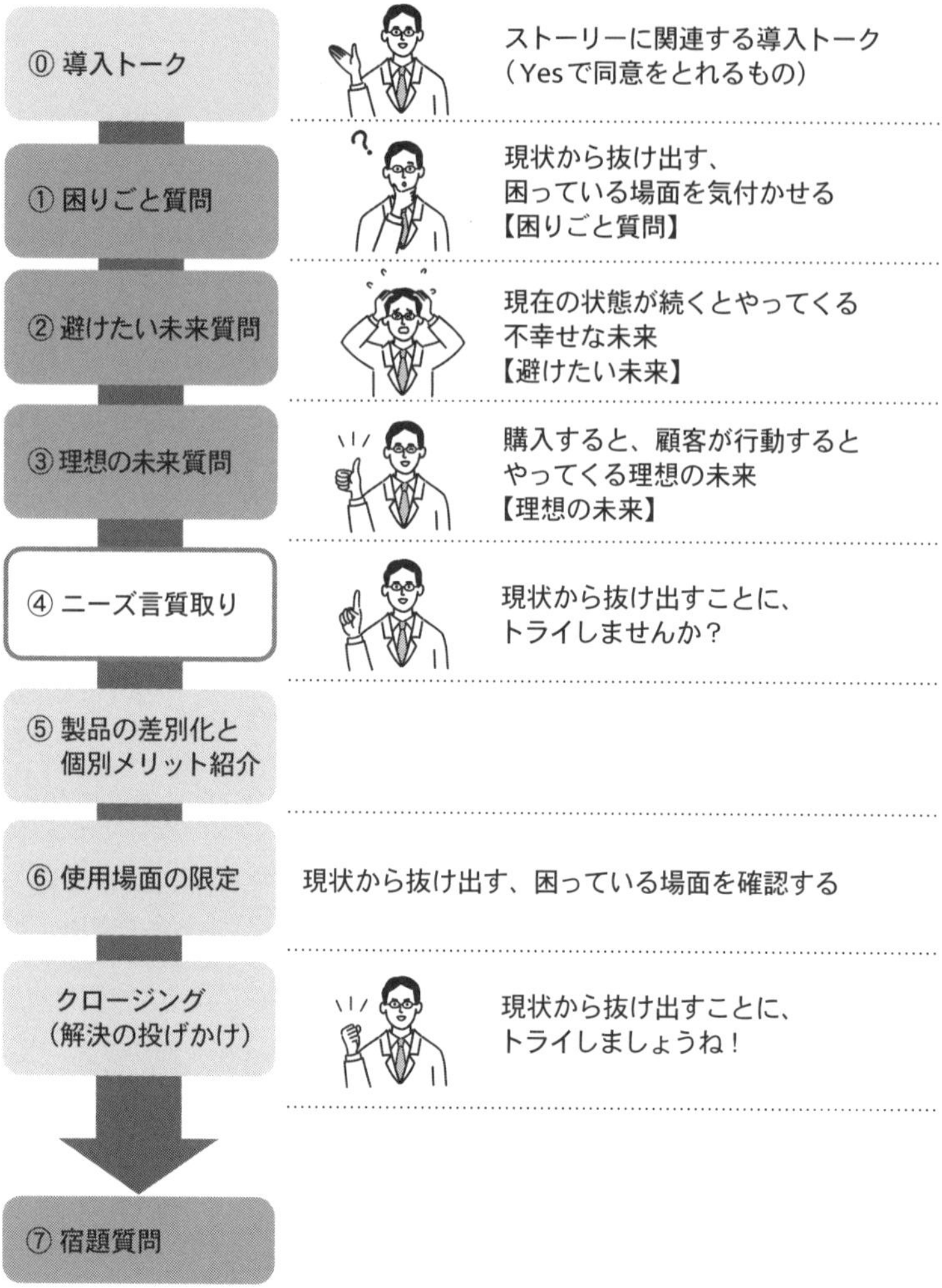

⓪ 導入トーク		ストーリーに関連する導入トーク（Yesで同意をとれるもの）
① 困りごと質問		現状から抜け出す、困っている場面を気付かせる【困りごと質問】
② 避けたい未来質問		現在の状態が続くとやってくる不幸せな未来【避けたい未来】
③ 理想の未来質問		購入すると、顧客が行動するとやってくる理想の未来【理想の未来】
④ ニーズ言質取り		現状から抜け出すことに、トライしませんか？
⑤ 製品の差別化と個別メリット紹介		
⑥ 使用場面の限定		現状から抜け出す、困っている場面を確認する
クロージング（解決の投げかけ）		現状から抜け出すことに、トライしましょうね！

⑦ 宿題質問

顧客が自分自身で必要となる場面を描き、そして感情が動き、どうしても欲しくなる・買いたくなる対話のプロセスです。

「価値ストーリー」は顧客との対話のプロセス以外でも使えます。ウェブサイトの発信、Instagram などのＳＮＳでの発信、YouTube などの動画配信。文字数や時間などの制限がありますが、顧客の購入を促進することに「価値ストーリー」が役立ちます。

コラム5　「小林製薬」場面を商品名にして大ヒットを連発

薬局やコンビニであなたも1度は購入している便利な商品があります。

私が薬科大学の4年生のときに、当時の教授の指示で、発熱時の熱を下げる商品の共同開発に加わっていました。そこでは、熱を下げる成分を包む非常に小さなカプセル（マイクロカプセル）の開発実験を行っていました。1982年当時は発熱を下げる効果が3分ももたなかったのですが、15分以上持続するように改良しました。そして再び冷蔵庫で冷却すると繰り返し使える機能を持たせることができました。その後、共同開発の企業から発売されましたが、あまり売上が上がりませんでした。

そして同様の機能を持ち大ヒットしたのが、小林製薬から1994年に発売された「熱さまシート」。当時は熱を出している子どものおでこにシートを貼っている絵を用いて大ヒット。今は大人用、子ども用で絵が違います。小林製薬の1番のヒット商品になりました。

昔は子どもが熱を出すとタオルを氷などで冷やして、数時間おきに親が取り替えていました。子どもが寝返りを打つとタオルを同じ位置にとどめることは難しい。それが接着シートになって貼れるのはとても便利です。親の手間が省け、氷も必要ない。そのうえ効果が確実。とても便利なシートです。

機能を売りにした商品名なら「発熱低下用粘着シート」というネーミングも可能です。あるいは成分名をとって「○○配合粘着シート」という名前も可能。ブランドネームとしてカタカナの名前をつけることも可能です。

これが「熱さまシート」という名前になると、顧客が使う場面がすぐに分かります。絵が書いてあるので誰でもイメージでき、とても分かりやすい商品です。

私が共同開発した大学時代、顧客が使う場面を商品名に使うというアイデアはまったくありませんでした。その時に本書があったら、小林製薬に代わって大ヒットになっていたかもしれません。

小林製薬は「熱さまシート」以外にも、のどに塗る「のどぬ～るスプレー」やシミを消す「ケシミンクリーム」など使う場面が分かるユニークな商品名が次々にヒットを生んでいます。

第6章

売上10倍超えの宝の山を作り続ける3つの力

01 「聴く力」を高めよう！

営業といえば話す力、商品・サービスを説明する力、相手を説得する力が重要と思っている営業パーソン、営業幹部の人たちが多いですね。

私も営業でキャリアをスタートしましたが、決して話し上手ではありませんでした。新入社員の頃、営業の学びのために、他の商品の営業パーソンの勧誘などを受けましたが、話し上手な営業パーソンは人を騙しているように感じられ、騙されないようにしようという警戒心が働きました。

もちろん私も営業パーソンとして、自社の商品を紹介する説明会など、流暢にかつ論理的に組み立てて話すことができます。スライドの構成に工夫を行い、スライドのつなぎの言葉に気を配り、説得力のあるプレゼンテーションを行うことができます。

一方で、顧客との接客や交渉の場面では、一方通行な話では商談が進まないことはあなたも十分体験し理解していることでしょう。

商談を進めるうえで重要なのは、相手のお困りごとや隠れているニーズを「聴き出す力」、相手の関心を「聴く力」、相手の関心から離れず寄り添い「聴き続ける力」です。

営業パーソンは相手の事情が少し分かると、きっとこれが困っている、必要に違いないと感じ、自社の商品・サービスの紹介を早く行いたくなります。優れた営業パーソンの思考回路が働き、良い商品・サービスがあるので教えてあげたい、売上が上がるチャンスが来たと前のめりになります。

これが成果に繋がる事例もありますが、多くの場合、営業パーソンが前のめりになると顧客の心が離れていきます。前のめりの状態が顧客に伝わり、顧客は話を聴いてもらっていた心地よさが失われ、営業パーソンと距離を取りたくなります。

営業パーソンだけでなく、顧客とコンタクトをとる前線にいる人たち、たとえばコールセンターやクレーム担当、修理担当の人たちも同様です。顧客と接する営業パーソンすべての「聴く力」が重要です。

売上10倍づくりには、次の2つの場面で「聴く力」がとても重要になります。

①顧客の満足している場面と満足度を深く聴き出す
②「価値ストーリー」を顧客に問いかける

1つ目は、自身の商品・サービスを顧客が使用し、満足している場面と、どれくらい満足しているのかを聴き出すことです。

顧客は、自分がその商品・サービスに対してどれだけ満足しているのかを、提供者に話す必要があるとは思っていません。そのため、営業パーソンは満足している使用場面やその満足度に気付いていない場合もあります。急に聞かれても言葉として話せないことがあります。

売上10倍のカギは、顧客の満足している場面です。オンリーワンの場面です。その場面を集め、ストーリーとして仕立て直し、今使っていない顧客に展開していくことです。

その重要な場面を聴き出すとき、顧客が話そうと意気込んでいれば簡単ですが、多くは「あなたにそれを話す必要があるのか」と疑問を抱いています。そのような顧客から満足いく場面、その満足度を聴いていきます。

最初に聴くと顧客は簡単に思い出せる言葉や、他社の商品・サービスでも同じことが言える点が答えとして返ってきます。答えやすい抽象的な言葉が返ってきます。ここで止まると、あなたの商品・サービスだからこそ満足している場面・満足度が出てきません。

マーケットリサーチも同様です。すでにあなたが想定している答えを聞くことがマーケットリサーチ。想定した答えから探していく、あるいは確認することがマーケットリサーチです。

あなたが気付いていない売上10倍のカギとなる場面を知っているのは顧客だけ。あるいは顧客からその場面をうかがっている営業などの顧客と接する人。その人たちから満足している場面を詳しく引き出したいのです。

顧客が最初に話した満足している場面から「具体的にもっと教えて」と寄り添い、聴いていく力が求められます。

2つ目の聴く力は「価値ストーリー」を顧客に問いかけ、顧客が気持ちよく話せる雰囲気をつくり出すことです。

価値ストーリーは、顧客への質問で組み立てられているストーリーです。営業パーソンからの問いかけに、顧客が気持ちよく話していくことで商談が進みます。顧客が買いたいと決断します。

また、質問は相手の知っていることや考えていることが分かる強力なツールです。一方で使い方を間違えると、相手は尋問されていると感じたり、どうして聞かれているのかという警戒心を持ちます。「なぜ、聞かれているのか」という疑問が湧いてきます。心地よさが失われ、質問に答えることを避けたい気持ちが高まります。これでは商談を進めるには逆効果ですね。

高い聴く力を持っている営業パーソンは、顧客が関心を持っていることから離れずに、顧客の話す言葉を利用して、価値ストーリーの質問をごく自然に投げかけていくことができます。

顧客が警戒心を一切抱くことなく、自分の関心事、困りごとにとても寄り添ってもらっている素晴らしい人だという評価を得ながら、顧客が購入の決断を行うステップを進めていくことができるのです。

02 「聴く力」を高めるトレーニング!

私が企業に対して「価値ストーリー」づくりのコンサルティングを行う際は、営業などの顧客と接する人たちの「聴く力」を高めるトレーニングを併せて行うことがあります。

「聴く力」はスキル分野であり、知識として理論や効果を知ることに加えて、実践トレーニングが必須となります。いきなり「聴く力」が高まるものではなく、徐々に高まっていくものです。

前節でご紹介したように、営業パーソンには顧客のニーズをつかみかけると自社の商品・サービスを提案したい、早く紹介して購入クロージングに持っていきたいという思考回路が働きます。顧客の話が中途半端であっても商談を進めてしまうことになれば、顧客の信頼を得ることはできません。

「早く商談を進めたい」という気持ち、自分の話したいことを我慢して、顧客の話すこと・関心のあることにもっと耳を傾けるのです。これまで培ってきたノウハウを刷新するには、多くの時間とトレーニングが必要となります。知識だけ学んで一瞬でできる人はほとんどいません。

私がコンサルティングの仕事で、実際に取り入れているトレーニングをご紹介します。ひとつは、５分〜10分間、相手の話を聴き続けるトレーニングです。２分間でも最初は苦しいですが、相手の関心に沿って聴き続けます。通常の会話では、多くの人が30秒も経たないうちに、自分の関心ごとで相手の話を奪ってしまいます。

30秒もたない営業パーソンが５分間、あるいは10分間、相手の関心に寄り添い聴き続ける。それには「聴く力」のメソッドが必要です。トレーニング講座でメソッドを学び、それを繰り返し実践していきます。

顧客との接客や商談の逐語録も役立ちます。相手の話を記憶し、言葉に起こすことで、相手が関心を示している言葉や、困りごとを話している言葉をチェックしていきます。そして営業パーソンがその言葉をどのように使って質問に変えていくかのトレーニングを行います。

このトレーニングを行って営業活動を実践しますと、びっくりするような変化を営業パーソンは感じます。

参考までに変化を実感した営業パーソンの声をご紹介します。

○今まで全く聴けなかった話が聴けるようになりました
○会話がもたない苦手な顧客でも10分以上話せるようになりました
○いつも怒る顧客がいて近寄るのも嫌だったのですが、なんと笑顔で10分間面談できました
○5分で面談を終わらせる予定が、顧客が30分以上話してくれました。その結果予想以上にたくさん商品を買っていただけました
○ずっと依頼していて断り続けられていた顧客が、その日はこちらから営業トークは全く行っていないにもかかわらず、「分かった、使うよ」と言って注文してくれました
○あなたの商品を友人に紹介するよ、と推薦していただけました

「聴く力」を身につけて、顧客に寄り添うと、顧客が1人で自分の考えを整理して、あなたの商品・サービスを購入する答えを見つける場合があります。今まで必要な場面などないと思い込んでいた顧客が、自分で変わっていきます。

人には「**返報性の原理**」が働きます。

営業パーソンが聴き続けることで、相手は大変お世話になった、良いことをしてもらったと感じ、それをお返ししたくなります。恩に感じ、恩を返したくなります。これが「返報性の原理」です。

聴き続けることで、顧客の本当に困っていることやニーズを発見できることに加えて、顧客が自ら考えを整理し、購入に向かう理由を見つけ出す。さらに親身になって聴いてもらったという恩を感じ、あなたのためになりたいという気持ちを強く持つ。

「聴く力」を高めるトレーニングの効果は、顧客との接点の中で力を発揮します。

03　日報力　日報を書くだけで売上が増える？

売上10倍につながっていく場面は現場にあります。顧客との接点にあります。現場にはヒントがたくさんあります。

桃屋はスーパーの店頭で調理しながらの聴き取り営業が、業績復活に繋がりました。ワークマンは全く異なる顧客層が特定商品を買い求めたことに、店長が気付いたことがきっかけです。ある消費財メーカーが東南アジアに進出した時、ベトナムやタイでは顧客の購入予算や購入形態、小売店の販売形態に合わせて、日本や欧米のような大量1パッケージ販売ではなく、1回使用に限った小袋包装を作り販売し直したことで成功しています。

標準化されていると思えるコンビニエンス・ストアも、地域のオーナーが運動会や祭事に合わせて仕入れを変えることで商機を逃さないような自由度を持たせています。

本社からの営業戦略やマーケティング戦略で、マス広告を行い成功につなげる方法は、商品・サービスの認知の意味からも重要です。本社からの戦略が大成功につながることがある一方で、全く不振に終わる事例も少なくありません。不振に終わる時は、現場と本社の認識にギャップがあり、顧客と離れていることが要因です。

一方で、成功する営業・マーケティング戦略は、顧客に近く、現場の声が十分に反映されています。

新しい価値を広げるときは、現場の反対を押し切って進めることが望ましい場合もありますが、小さく展開しながら現場の声を取り入れて改良していく。小さなＰＤＣＡを回していくことが成功につながります。

大量生産、大量広告、大量販売の戦略・戦術は、モノやサービスが溢れている現代では成功につながりにくくなっています。また大量生産は大量の廃棄に繋がり、環境への影響を考えたＳＤＧｓの観点からも拒否される時代です。

「顧客が欲しい商品・欲しいサービスが分からない」と本社は嘆きますが、本社からの指示、戦略の下知で仕事を進めるべきという従来の観点が視野を狭めていると感じます。現場の声は、ニッチな声で全体ではないと捉えるマーケティング的発想が邪魔をしているといえます。

オンリーワンの満足、顧客一人ひとりの価値を感じ、顧客の心が動いて購入する。これが分かっているのは、顧客から離れた本社戦略部門ではなく、現場です。顧客をもつ営業パーソンの一人ひとりです。

この現場の声を取り入れることができるのが「日報」です。

現場で何が起きている、顧客が何を選んでいるか。顧客が選んでいる理由、選んで喜んでいる・楽しんでいる満足は何か。何が顧客の心を動かしたのかを捉えることができます。

すでにご紹介した次の8つの質問。あなたの未来を広げていく、末広がりのナンバー「八」。売上10倍価値作り「8つの質問」をあなたの営業パーソンの「日報」に組み入れましょう。

①きっかけを尋ねる
②場面とその変化、満足した点を尋ねる
③緊急性を尋ねる
④新しいものへの考え方を尋ねる
⑤得意分野か否かを尋ねる

⑥面倒を尋ねる
⑦誰かの影響を尋ねる
⑧影響力の発揮を尋ねる

営業パーソンは、最初はこの「日報」を記載することに抵抗するでしょう。どうしてこんな面倒なことを記載しなければいけないか、と感じるかもしれません。

私がまだ武田薬品工業に勤めていた頃、一橋大学大学院経営管理研究課が運営する「ポーター賞」（2002年度）を受賞しました。当時私は、営業日報からナレッジマネジメントを導入し、それが受賞の決め手のひとつであるとして、日経ビジネスなどの取材を多く受けました。

しかし、当時ナレッジマネジメントを導入しようとした時に、社内から多くの反対を受けました。私はマーケティング部門にいたのですが、当時の教育研修部門の方針とは異なり、部門長から大反対されました。

その反対を克服するため、小さなステップから始めました。

私は開業医部門のマーケティングの責任者でしたので、月に2回、開業医部門の成功事例集の発信を始めたのです。成功事例は日報から抜粋し、その事例の担当者に電話取材し、成功要因を聴き出します。営業パーソンは自分の事例として具体を話しますので、それに抽象度を高めた一般化と裏付け理論を加えて発信しました。

すると、その発信した成功事例集に目を止めて真似をする営業パーソンが出てきます。次は真似て成功した営業パーソンの事例を発信していきます。次第に月2回の発信は、毎週になり、発信が50回を超えた頃、多くの成功者が現れ、研修部門長も反対するどころか賛同者に変わっていきました。

その後は、成功事例の発信となるナレッジマネジメントを営業パーソン向けの社内ポータルサイトで「ナレッジフォース」と名付けて全国展開に結びつけました。

フォースは有名なスターウォーズの秘めたる力「フォース」を使いました。営業パーソンの秘めたる力を使って、全国の至るところで成功に結びつけたい、営業パーソンの喜ぶ顔が見たい、声が聴きたいとの思いからです。

ナレッジフォースは、全国の発表大会を設け、地区予選会を勝ち抜いた成功事例が発表されました。素晴らしい事例が蓄積され、売上の急速な伸長につながります。さらにナレッジフォースの発表者は本社の戦略部門へ異動となり、現場の知恵を本社の戦略に活かすことが起きました。

会社の日報には、単にどの商品を紹介したかという商品コール回数や、何人の顧客と会ったかという報告事項もありますが、これは本社の管理のための日報で、未来の価値を生み出すものではありません。

「日報力」は未来の価値を生み出す「場面」を報告する力です。書くためには、営業パーソンが現場で顧客を観察し、顧客と対話し、顧客と8つの質問を楽しみながら、聴き出す力が必要になります。

売上10倍を生み出す場面が集まってくる「日報」。同じような場面が全国から集まってくれば、それはニッチではないことに本社も気付きます。「日報」から集まった場面を価値ストーリーに仕立て直し、現場の活動に展開する。そして同じ成功場面が集まってくる。

最初に寄せられた場面は、ひとつの顧客の声が書かれた「日報」に過ぎません。それが集まると、その場面が売上10倍になるカギであることが分かります。すべての営業パーソンに価値のある活動を広げていけば、ひとつの場面は百、千、あるいは万単位の購入に繋がっていきます。

ひとつの「日報」に8つの質問、すべてを網羅する必要はありません。導入当初は、1〜2個の質問の回答が記載されていれば十分です。

初めて行うことは誰でも戸惑います。誰もが初心者です。今まで売り込み一辺倒、商品・サービスの紹介一辺倒だった営業パーソンが、顧客からの聴き取り中心の活動に転換するには一定の努力が必要です。そしてそれを文章で報告する。簡単そうに思えるかもしれませんが、営業パーソンの努力で成り立っていきます。

営業パーソンが納得して活動し、顧客と対話することで価値が生み出され、全社への展開に繋がっていきます。現場の営業パーソンが主人公となり、主体になって取り組むことで売上10倍につながります。

多くの経営者は現場に答えがあると言います。しかし、どこまで現場の声を聴いているのでしょう。顧客と接する現場の声から、顧客の声を経営に生かしているのでしょう。

未来の価値を生み出す「日報力」。売上10倍の原動力です。

04 ファン発信力　ファンが語る「価値ストーリー」！

あなたの商品・サービスを使用した顧客。そしてとても満足した顧客は、あなたの商品・サービスのファンになっています。

顧客が、こんな場面に役立った、こんな良い変化が起こった。こんな悪い変化がなくなった、すごく嬉しかった、最高だと思った。さまざまな声が、さまざまの使った場面があなたの元に寄せられてきます。そのファンの声を活かしていきましょう。キーワードは、「オンリーワンの場面」と「価値ストーリー」です。

「オンリーワンの場面」はInstagramやFacebookの写真やタイトル、短いコメントが分かりやすく影響力も抜群。「価値ストーリー」はウェブでの体験談、ブログでの紹介、パンフレット掲載などが効果を発揮します。（YouTubeの動画は、「オンリーワンの場面」「価値ストーリー」ともに威力を発揮します）

これらのSNSやブログ記事でタイトルを付ける場合は、顧客が手に入れたい理想の未来、または避けたい未来がなくなったことを示すとインパクトが高いです。つまり、「避けたい未来質問」「理想の未来質問」で顧客が答える内容が実現できたことをストーリーに仕立てます。現在の状態からの素晴らしい変化をストーリーとして伝えるのです。

この発信が続くことは、たくさんの新しい場面や新しいストーリーが生まれていきます。自分の商品・サービスの素晴らしさにとても喜びを感じることができます。それらをあなたの元に集めると、新しい場面・新しいストーリーに、あなた自身がとても勇気をもらうでしょう。

新たな「価値ストーリー」を知り、発信し、1人でも多くの顧客に喜んでもらう。そして顧客が不満足な点をあなたが改善し、顧客が新しい場面を発見し、新しい「価値ストーリー」が生まれていく。

これこそが、売上を伸ばすことにつながるのです。

成功し続ける人は、コツコツ継続するタイプが多いですね。成功のサイクルを習慣化する。習慣こそが成功の秘訣と、歴史に名を残した人が語っています。

05 顧客一人ひとりの価値は無限大！

私がマーケティング部に入った頃、当時の部長から「それは点の情報だろ。点ではダメだ。面の情報にしろ」といつも言われていました。

点の情報は特殊性があるが再現性がないという意味でした。面になると複数箇所で起きていることとなり、特殊が一般に代わり、同じ購入が行われる再現性が高いという意味でした。

その当時の「点の情報」は、今と比べるととても大きな「点の情報」だと感じます。そして見つけることが困難だった「点の情報」でした。

今は顧客自らが、SNS等を使って情報を発信しているので、小さな点の情報や顧客が満足している場面が集まりやすくなりました。一方で情報が出回りすぎて逆に見つけにくくなっているかもしれません。

営業&マーケティングの観点から考えると、今までは次のような商品・サービスの提供、販売が行われていました。

○モノが不足しているからその充足を行う
○最低限の暮らしができない状態を解消する

大量生産の時代では、他人と同じものを安く買うことができないと不満と感じます。その結果、モノやサービスが溢れてきました。また、人の働き方も高度成長時代から大きく変わっています。

私も恩恵を受けてきた高度成長時代の働き方は、

○生活するために働く
○職業に貴賤はなく、機会を得た職業・会社で全うする
○多くの仕事は楽しいものではなく苦しいことに価値がある

というもので、自分の一部を押し殺して働いている人が多数いました。

現代は、モノやサービスが充足し、働き方への考え方も大きく変わっています。これからの欲

求は次のことを追求するものになっていくでしょう。

○自分らしさを感じるために働く
○生きている充実感を感じるために働く
○楽しんで働く

私の大好きな山口周さんが『ビジネスの未来』(ダイヤモンド社) でも同じことを述べています。

私が専門として関わってきた医療用医薬品は、顧客である患者さんにとっては次のようなモノでした。

○自分らしさを取り戻すモノ
○生きている充実感を取り戻すモノ
○元気な人には意味がないが、自分にとって意味のあるモノ

時代が変わってきて、一人ひとりの満足、価値が大切にされる今、他の商品・サービスが、医薬品のマーケティング&セールスに近づいてきたと感じています。

山口周さんは、人が大切にするのは、自分らしさ、生きている充実感、自分の満足感と述べています。一方、今のマーケティングや営業の幹部は、従来の社会の価値観で生きてきたため、これら個人を満足させることの重要性に気付いていません。

多くの人が気付いていないなら、市場の可能性は無限大です。人が満たされないものを満たすために、商品・サービスを購入するという原則が変わらないならば、求められるモノとは、商品・サービス自体ではなく、そのモノやサービスが満たすオンリーワンの場面や価値に、人はお金を払います。

大量生産の商品も、他者と同等のサービスも必要です。ただしこれから売上10倍、100倍につながるのは、顧客自身にとって意味あるモノです。そんな価値あるモノを求めています。

顧客が気付いていない無限大の市場に率先して乗り出しましょう。

コラム6 「星野リゾート」ゴンドラ整備者しか見たことのない景色

経営困難になったリゾートを再生させ続けている「星野リゾート」。『星野リゾートの事件簿』(日経BP社)を読むと、星野リゾートの取り組みは、まさしく本書で書いていることを体現しています。

北海道の「星野リゾート トマム」はスキーリゾートで、冬場の稼働率は高いものの夏場は50%を切る状態でした。夏の稼働率を高めることが経営の必須の課題でした。

この課題に取り組む中で素晴らしいアイデアを出したのは、なんとゴンドラの整備担当者でした。ゴンドラ整備のために朝早くに頂上に登ると見える素晴らしい景色、雲の上から眺める雲海と日の出を見ることできます。この素晴らしい景色を顧客に味わってもらえたらなという気付きから始まります。

注目すべきポイントは、トマムの中でゴンドラ整備の人しか知らない景色があり、これが素晴らしい商品になるかもしれないと気付いたことです。

提案当初は周りの人の協力が得られず、反対論もある中でゴンドラ整備の仲間だけで進めていったそうです。

熱意と工夫で取り組んで大ヒットにつながったのが、後に話題になり、夏季の稼働率が低いというトマムの課題解決に一役買った「雲海テラス」でした。

特定の人の気付きが取り上げられ、顧客に知られ、良い評判が拡散し売上が拡大していきます。

星野リゾートでは、これ以外にも発祥の地である軽井沢のウエディングの取り組みや村民食堂でのクレーム対応など、さまざまな現場で起きている場面を大切にして、現場の発案と創意工夫が売上拡大、星野リゾートの価値拡大につながっています。

社長の星野さんが現場の意見、現場との対話をとても大切にし、現場の発案、創意工夫を心底大切にし、かつ現場に任せている企業文化だからこそ起こることです。

星野社長が『星野リゾートの事件簿2』（日経BP社）の巻末で述べている言葉を引用します。星野社長が「事件」と書かれていることを、「場面」と置き換えて読んでいただきたいです。

事件と向き合った一人ひとりのスタッフの経験を、会社のナレッジとして蓄積していくということでもある。そしてその中にダイヤモンドの原石のような大きなイノベーションの機会が隠れていると考えている。大事なのは、事件とは避けようとすべきことではなく、活用すべき体験ということだ。

星野リゾートには、その宿泊施設ならではのオンリーワンがたくさんあり、オンリーワン作りの相乗作用が、会社全体で生み出され継続されています。星野社長のいうイノベーションとは「小さなオンリーワンつくり」と私は理解しています。

発展を続ける企業の素晴らしさ、売上10倍以上の要素は同じなのです。

おわりに

本書を最後までお読みいただき、ありがとうございます。

日本の人口が減っていく中で、多くの外国人が日本で働き、暮らしています。人の寿命が長くなり、幅広い年代、大正、昭和、平成、令和の4つの元号生まれが一緒に暮らしています。社会を構成して経済や民意を動かしています。

昭和時代には画一的な商品が大量に生産され、同じものを持ちたい、手に入れたいと思い、購入して使用し、そして捨ててきました。教育も社会も、周りと同じ色に染まることが求められてきました。個人よりも会社という組織単位での画一的な価値観、社会観が優先され、ときには強制されてきました。

個人の価値観や大切なことは、音楽やファッションなどでいつの時代でも表現されてきましたが、多くの商品・サービスの購入では個性より画一性が優位であったと思われます。

平成・令和と時代が変わる中で、今の20〜30歳代はデジタルが世の中に当然あった時代に生まれ育ってきています。
組織や社会の色に染まるのではなく、自分の価値観を表に出して良い時代になりました。そして多様な人の価値を認め合うことが重要視される世の中に変わってきました。

オンリーワンであることの大切さを歌ったSMAPのヒット曲「世界に一つだけの花」がシングルカットされたのは2003年。それから20年の月日が流れ、日本という同調圧力の強い社会が、ようやく多様な価値を受け入れるようになってきました。
多様な価値が尊重される今、人は「私」に合うものを欲しくなり、「私」にとってメリットのあるものが欲しくなっています。そして「私」を発信することが許されています。その「私」に共感が生まれ、異なる「私」にも合うかもしれないとの気付きが生まれ、商品・サービスが購入されるという新しい購入形態がどんどん加速しています。

レストランを選ぶとき、衣服を選ぶとき、さまざまな選択にクチコミサイトやSNSが活用されています。医療関連であってもクチコミが重要となっています。一方でクチコミに対する不安も増大しています。今の「私」に1番良いと思える、その商品・サービスを手に入れるためのコストは低下し、気軽に見つけ、必要・不要を判断して買い求めます。サービスを受けに出かけていきます。商品・サービス提供者側には、とても気まぐれな顧客と映り、一方顧客側からは欲しいものが全然ないと映るのです。

できるだけ多くの人に届けたい商品・サービス側の届ける基準と、「私」にあった1番良いものを手に入れたい顧客側の求める基準に大きなずれが生じています。

あなたの商品・サービスは今のままであっても、一定の顧客にとってオンリーワン、「私」にとって1番良い場面は必ずあります。そして、その場面は複数あるのです。

さらにひとつの場面は、1人だけの顧客ではなく、同じ場面に必要という共感を描く人が多数います。その共感の数が増えるほど売上が上がっていきます。

爆発的に売上を伸ばしたユニクロ。お洒落とは対局なインナーですが、お洒落を邪魔せず、しっかり支える素晴らしい機能を持っています。これが四季のある日本で暮らす人の場面に最適だと、はまりました。最初は数人が「これいいね」と思っただけでした。それがどんどん広がり、世界の人たちの共感を生みました。

ワークマンも一部のマニアックな人たちが使い出した場面が、全く違う「私」の顧客層に広がっていきました。

私が1980年代にマーケティングに興味を持った頃、オンリーワンはマーケティング上ではニッチだと言われて嫌われていました。マスへのアプローチが絶対視されていました。

医療の中の患者さんという個を診療する世界がスタートだったために、個に注目する営業&マーケティングを始めることができたと今になって思っています。

マスは個の集合です。個々の生活には、それぞれの場面があります。場面の集まりが個々の生活を彩ります。

今、人が求めているのは、自分にあった彩り、自分が快適に過ごせることです。一日の中で、一瞬の場面、そしてできるだけ多くの時間が心地よく、彩りがあり、輝いている自分を実感したいと欲しているのです。

そしてその輝きを自分で確認し、可能であれば他者にも認めてもらえたら最高と感じています。

一人ひとりの場面にあった「価値ストーリー」。

多くの方の共感を得て、多くの顧客と、商品・サービスの提供者が、幸せを感じ輝く状態に満ちることを願っています。

本書のご意見やご感想、ご相談などお気軽にinfo@kiku-juku.comまでいただければ大変嬉しいです。

最後に、本企画に賛同し、出版を実現いただいた藤由達藏さん、橋本弥司子さん、ぱる出版の和田智明社長、編集部の五十嵐恭平さんに感謝いたします。
また私にマーケティング＆セールスの機会を与えてくださった多くの諸先輩や後輩たち、医療従事者のみなさん、関わった人たちに深く感謝いたします。最後に長年わがままな私を支えてくれた家族に感謝します。

２０２１年11月

菊岡　正芳

菊岡正芳（きくおか・まさよし）
日本リーダーコーチ協会·代表理事。合同会社Kiku塾代表。キャリアコンサルタント(国家資格)。薬剤師。岐阜薬科大学を卒業後、武田薬品工業に入社。同社マーケティング部製品統括、福岡支店長を経験。その後、Johnson&Johnsonグループ他２社で営業統括、マーケティング、人材育成、事業開発部門の役員を歴任。営業改革・人材育成に携わり独立。現在は、企業の「売上10倍」を達成するための営業戦略や人材育成のコンサルティングとコーチングを行っている。

E-Mail：info@kiku-juku.com

売上《うりあげ》を10倍《ばい》にする「コンサル脳《のう》」のつくり方《かた》

2021年11月15日　初版発行
2022年 2 月 2 日　３刷発行

著　者　菊　岡　正　芳
発行者　和　田　智　明
発行所　株式会社　ぱる出版

〒160-0011　東京都新宿区若葉１-９-16
03(3353)2835－代表　03(3353)2826－FAX
03(3353)3679－編集
振替　東京　00100-3-131586
印刷・製本　中央精版印刷(株)

ISBN978-4-8272-1314-0　C0034